Matthias Horx

Glückliches Österreich

Matthias Horx

Glückliches Österreich

Amalthea

Besuchen Sie uns im Internet unter
http://www.amalthea.at

Umschlaggestaltung: Kurt Hamtil, verlagsbüro wien
Herstellung und Satz: studio e, Josef Embacher
Gesetzt aus der 11/14 pt Optima
Gedruckt in der EU
ISBN 3-85002-578-0
ab 1.1.2007: ISBN 978-3-85002-578-2

Inhalt

Das Österreich-Geheimnis

Vorwort

Wie die Alpenrepublik zum Role Model wurde

Vor wenigen Jahren noch galt Österreich als Wurzelsepp-Republik und ökonomisches Anhängsel Deutschlands. Dann vollführte Jörg Haider seine politischen Pirouetten, was den Ruf der Alpenrepublik nicht verbesserte. Als nach der Jahrtausendwende die Strukturschwächen Deutschlands zum Großthema wurden, drehte sich plötzlich der Wind. Seitdem gilt Österreich als reformfreudige Gegend, und die Österreicher sind von kleinen Brüdern zu starken Nachbarn geworden. Was ist dran an den Zukunftsvorteilen Österreichs?

1. Der Kleinheitsvorteil

Österreich ist ein kleines Land. Wie die Beispiele Holland, Dänemark, Finnland und Irland zeigen, sind kleine Länder bei der Umsetzung politischer Reformen schneller und effektiver. Kleinstaatliche Strukturen ermöglichten »schnelle und grausame« Reformen, ohne dass die Lobbys allzu sehr Zeter und Mordio schreien können. So ist der Arbeitsmarkt deutlich liberaler (Kündigungen sind leichter möglich und werden durch eine obligatorische Abfindung ausgeglichen). Eine Rentenreform wurde kurz und knackig von oben durchgesetzt. Das »Arbeitsmarktservice«, Österreichs Arbeitslosenagentur, arbeitet schon seit Jahren eher nach dem *pro-aktiven*

Prinzip, nach dem die Hartz-Reform eigentlich arbeiten sollte.

2. Soziokulturelle Homogenität

Während Deutschland aus den unterschiedlichsten Kulturmodellen besteht – vom agrar-konservativen Bayern bis zum liberalen Hamburg, vom preußischen Berlin bis zum linken Saarland – hat Österreich (mit Ausnahme von Kärnten) seine kulturellen Wurzeln in einem mildkonservativen Katholizismus, der sich auf ein bestimmtes Sozialmodell verpflichtet. Das erzeugt, trotz aller Schwerfälligkeit, auch politische Stabilität. Die hysterischen Schwankungen zwischen marktliberaler Peitsche und sozialgerechtem Kuschelkurs, wie sie die deutsche Politik gründlich ruiniert haben, sind hier gedämpft. Österreichs Politik ist immer noch »Hofpolitik«. Man kennt sich, auch wenn man sich nicht immer schätzt, bringt man doch die politischen Schäfchen gemeinsam ins Trockene. Und diese Schäfchen sind meistens Produkte eines moderaten, konservativen Sozialstaates, den man ebenso von links wie von konservativ bespielen kann, ohne dass die Unterschiede nennenswert auffallen.

3. Das Vorhandensein einer echten Hauptstadt

Wien ist, anders als Berlin, keine gigantische Baustelle, die von fünfzig Jahren Subventionspolitik geschädigt und ruiniert wurde. Wien ist eine funktionierende Hauptstadt mit hoher Lebens- und Kulturqualität (auf den diversen Hitparaden für lebenswerte Städte liegt

Wien gleich hinter Zürich und Seattle). Wien setzt als echte Metropole der eher provinziellen Mentalität des agrarischen Österreich einen nachhaltigen Kontrapunkt entgegen. Die Stadt erlangt langsam ihre alte mitteleuropäische Funktion zurück: Als kultureller und sozialer Magnet des mitteleuropäischen Raumes. Als Ort für Konferenzen von Herzspezialisten, Quantenphysikern, Scheichs und südamerikanischen Revolutionären. Auch wenn sie sich noch lange nicht traut, wieder das New York Europas zu werden (wie sie es vor hundert Jahren war), spürt man in ihr doch sehr genau, was eine kreative, international-multikulturelle Stadtkultur bedeuten kann.

4. Im Herzen Europas liegen – und von der Geschichte profitieren

Während sich Deutschland durch den Fall des Eisernen Vorhangs eine neue Spaltung einhandelte – und nun die riesigen de-industriealisierten Gebiete Ostdeutschlands zu subventionieren hat –, profitierte Österreich von der jüngsten Geschichte. Plötzlich liegt das kleine Land nah an den Expansionsmärkten Ungarns, der Slowakei, Tschechiens oder Sloweniens. Trotz aller latenten Fremdenfeindlichkeit in der Bevölkerung hat die österreichische Wirtschaft längst ihre Chancen gesichert. Mittelständler reaktivieren die alten Beziehungen in den Osten, Banken und Supermärkte expandieren ihr Filialnetz von Wien bis nach Albanien.

Ökonomen schätzen, dass diese Expansionsstrategie alleine einen vollen Prozentpunkt Wachstum pro Jahr zusätzlich schafft.

5. Brutstätte für kreative Außenseiter

Weil Österreich heute so beengt ist, herrscht enormer Druck auf dem Kessel der kreativen Intelligenz. Österreich ist ein Land voller Exzentriker, Querdenker und seltsamer Leute, die, wenn sie etwas werden wollen, gleich in der internationalen Liga spielen müssen.
Es beginnt in der Literatur, wo mit Jelinek und Bernhard die »genial Depressiven« den Ton angeben. Reicht über die Medien – Österreich verschickt seine Medientalente regelmäßig in die Chefredaktionen großer deutscher Fernsehsender und Zeitungen – bis zur Kunst, wo das Alpenland eine ganze Riege von »Erlösungskünstlern« *(Die Presse)* hervorbrachte, die es mit narzisstischem Welterlösungs-Duktus zu Weltruhm brachten – man denke an Hermann Nitsch, Friedensreich Hundertwasser oder André Heller. In den Naturwissenschaften brachte Österreich mit Anton Zeilinger einen sogar unterhaltsamen Quantenphysiker hervor, und in der Wirtschaft fallen die vielen »Eccentric Entrepreneurs« auf – von Niki Lauda, dem ewig scheiternden Airline-Star, über den schrillen Baumeister Lugner bis zu Dietrich Mateschitz, dem knallharten Erfinder von RED BULL.

6. Die Kunst des gnadenlosen Optimierens

Österreich ist wohl das EURO-skeptischste Land des Kontinents. Um die siebzig Prozent der Österreicher empfinden den Beitritt zur EU als Verlustgeschäft, nur dreißig Prozent halten ihn für eine »gute Sache«. Wie kann das sein, und vor allem: Wie kann das gut gehen?

Es kann, denn in Österreich herrscht eine bisweilen rasend machende, bisweilen auch erfrischende Doppelmoral, die böse Zungen auch »balkanisch« zu nennen pflegen. Man ist gegen Ausländer – und nimmt gerne deren preiswerten Dienstleistungen in Anspruch (Wien hat seit Jahrhunderten eine hoch entwickelte Dienstleistungskultur). Man empört sich gegen »die da Oben« – und hält kräftig die Subventionshand auf, die besonders in Form von EU-Strukturfonds fließen. Diese Strategie hat ihre Wurzeln im höfischen Aufbau des Vielvölkerstaates, in dem Protektionismus aller Art über Jahrhunderte blühte und gedieh. Umgekehrt kann man im politischen Österreich die großen EU-Länder als »Absahner« kritisieren – und hintenherum geschickt die Hand aufhalten. Wie sagte neulich erst ein österreichischer Politiker in Brüssel?
»Um uns zum Schweigen zu bringen, muss man schon noch mal etwas drauflegen ...«

7. Ein Bio- und Wellness-Cluster

Österreich hat früh und clever auf zwei Trends gesetzt, die sich im benachbarten Deutschland ideologisch entwickelten, aber dort nie ökonomisch fliegen lernten. WELLNESS ist der große Standortfaktor eines Alpentourismus, der immerhin ein Fünftel des österreichischen Bruttosozialprodukts ausmacht. WELLNESS à la Österreich ist eine prima (Retro-)Kombination:
Man nehme eine rotweißrote Karodecke aus Naturleinen, ein ordentliches Schnitzel und herzliche Worte, dazu einen Schuss Spiritualismus – vierzig Prozent der Öster-

reicher glauben an die Kräfte des Mondes. Die österreichische Thermen- und Badelandschaft ist legendär.
Die österreichische Landwirtschaft hat derweil konsequent auf den Bio-Trend gesetzt – mehr als 15 Prozent der Agrarflächen dienen heute dem Bio-Anbau. Österreichs Supermarktkette BILLA brachte »ja! Natürlich«, die erste flächendeckende und erfolgreiche Bio-Marke heraus, und die Anzahl von gut vermarkteten Bio-Produkten steigt ständig.
In Österreich, so kann man etwas salopp formulieren, ist der Grüne in seinem Heimatland angekommen. Selbst Zeitungen wie die *Kronen Zeitung* sind militant gegen Atomkraftwerke und für alle Sorten von Recycling – man stelle sich das bei der deutschen *BILD*-Zeitung vor!

8. Design, aber OHO!

Wer an Österreich denkt, assoziiert Zwiebelkirchen und Tiroler Kitsch, vielleicht noch den Goldbarock der Hauptstadt. Doch das ist noch nicht einmal die halbe Wahrheit. Österreichs Winzer zum Beispiel betreiben seit einem Jahrzehnt Design als Marketing-Turbo. Im Weinviertel, um Langenlois, und am Neusiedler See kann man Weingüter im supermodernen kalifornischen Stil bewundern. Koryphäen wie Kracher oder Bründlmeyer haben es längst in die In-Restaurants von Los Angeles bis Brooklyn geschafft (welcher deutsche Winzer hat es so weit gebracht?).
Wien ist seit jeher Zentrum interessanter Architektur, auch im Großsiedlungsbau. Und Vorarlberg entwickelt sich seit Jahren zum Dorado eines ultramodernen Mini-

malismus-Holz-Baustils – Wallfahrtsort für innovative Architekten aus aller Welt.
Sie sehen also, es gibt eine ganze Menge positiver Eigenschaften, einzigartiger Ideen und wirklich hervorragende Leistungen in diesem Land:

Die Österreicher können gewaltig stolz sein auf Österreich!

Matthias Horx

Wien, im August 2006

Ach du lieber »Augustin«

Am Eingang des Supermarktes, in dem ich immer einkaufen gehe, steht ein Mann mit Bart. Er steht dort stumm und verkauft den *AUGUSTIN,* Wiens Zeitung für die Obdachlosen. Es ist kalt, der Wind weht, aber er steht eisern seit Stunden und lächelt, wobei seine Lippen bisweilen blau anlaufen. Man kann kaum an ihm vorbei, ohne ihm zwei Euro in die Hand zu drücken. Wenn man's vergisst, erinnern einen prompt die Kinder daran: »Papa, kauf dem armen Mann doch mal eine Zeitung ab, es ist doch Adventszeit!«

Ein paar Kilometer weiter gibt es einen größeren Supermarkt. Letzten Winter fuhr ich dort in Hektik kurz vor Ladenschluss mit dem Auto in den Hof (es nebelte und schneite), da wies mich ein freundlicher Herr rückwärts in die Parklücke und brachte mir einen Einkaufswagen. Als ich vollbepackt wieder herauskam, half er mir, die Einkäufe im Kofferraum zu verstauen. »Wollen Sie vielleicht eine Zeitung kaufen?«, fragte er danach.

Ich wollte nicht. Weil ich das Blatt ehrlicherweise nicht lese. Aber ich gab ihm drei Euro, nicht als Spende, sondern als Lohn. »Haben Sie mal mit dem Supermarktdirektor geredet?«, fragte ich ihn dann. »Solche Leute wie Sie könnte man doch hier brauchen!« Da zuckte er nur die Achseln. »Vergessen Sie's!«

Ist das nicht absurd?

Einer friert und steht, der andere handelt. Unangenehm ist uns aber jener, der aus seiner Rolle als Märtyrer heraustritt. Denn unsere abendländisch-christliche Kultur ist auf eine sehr subtile Weise verliebt in Opfer. Das Christentum, die Religion der Ausgeschlossenen, zieht das Stehen und Frieren dem Handeln vor, jedenfalls in seiner eher katholischen Variante. Es nutzt das Heilige am Opfertum, damit wir, die Nicht-Frierenden, uns moralisch besser fühlen können.

Das Elend unseres modernen Sozialstaates ist nicht, dass er teuer ist, sondern dass er in einer gespenstischen effektiven Weise die falschen Anreize setzt. Er zeugt eine gigantische Verwaltungsmaschine der Armut, eine Opfer-Lobby mit Heerscharen von Funktionären, die vor allem ein Interesse haben: mehr Klientel! Er ermutigt die Passivität im Menschen. Er bildet eine unsichtbare, aber gnadenlose Barriere zwischen den Inhabern von Erwerbsarbeit und denen, die zwar arbeiten könnten, aber nicht in die langfristig abgesicherten »Arbeitsplätze« hineinfinden.

In den USA (den bösen neoliberalen) gibt es seit vielen Jahren die Debatte um die »Welfare Queens«, jene Sozialhilfeempfänger, die schon in der Kindheit zu Junkies des Versorgungssystem werden. In England stellt man sich jetzt den harten Fragen der Zukunft der Sozialsysteme wie zum Beispiel der Frage, was man Jugendlichen bei der Arbeitssuche eigentlich zumuten kann. Davon haben zum Beispiel die skandinavischen Länder viel gelernt. Sie haben ein zunehmend effektiveres Sozialsystem, in dem die Opferkonstruktion nicht mehr so ohne weiteres akzeptiert wird. Man sieht Menschen als Aktivisten des eigenen Lebens an, denen man bei der Selbstständigkeit helfen kann. Und muss.

Die neue soziale Frage lautet:

Wie können wir Menschen besser ermutigen, statt sie in

ihren Abhängigkeiten gut meinend oder bürokratisch festzunageln?
Erst wenn solche Fragen ehrlich und öffentlich diskutierbar werden, wird eine nachhaltige Zukunft des Sozialstaats sichtbar.

Den Alpenblues richtig spielen

Die Sonne strahlt, ein Meter Schnee, die Lifte sind in Betrieb. Aber der Mann im Gamshut, ein großer Hotelier im Ort, klagt. »Es is wiader schlechter geworn, dieses Jahr. Jetzt haben alle Schneekanonen vom Feinsten gekauft. Und was passiert? Tonnen Schnee fallen. Die Lifte laufen schlecht. Die Restaurants laufen schlecht. Die Leute wollen nur noch zwei Gänge! Und in Wien sitzen die hohen Herren und verkünden tolle Übernachtungszahlen im Wintertourismus!«
Wohin ich höre in diesem traditionellen Tourismus-Ort mit dem mächtigen Alpenpanorama: Man klagt. Der Bürgermeister macht nix! Die Marketingabteilung versagt. Der Holländer kommt nicht mehr. Der Deutsche ist dauerhaft deprimiert und kauft nix. Jetzt kommen auch noch Ungarn! Und sogar Chinesen!
Ich gehe durch den Ort: Pension Waldruhe, Pension Eichenlaub, Pension zum Frieden, Hotel Post, Hotel Ochse, Hotel Jäger. Dahinter die mächtigen Riegel der Ferienappartements mit Schnitzbalkon. Jedes der dreitausend Zimmer verfügt über komfortable Warmwasserduschen aus dem Baumarkt und grasgrüne Kacheln mit dem Blumenmuster »Elegance«. Jedes hat Dralon-Vorhänge und Rüschen an den Bettkanten und Geweihparaden in den Fluren und buntbemalte Milchkannen mit Strohtrockenblumen und ein »Gott vergelt's«, geschnitzt in eine Holzscheibe mit Astloch. Dazwischen »Wellness-Saunas«, ebenso

holzgeschnitzt. Aus den Küchen riecht es nach Bratfett.
Die Entwicklung des Alpentourismus ist eine unglaubliche Geschichte. Noch vor fünfzig Jahren waren die meisten dieser Täler von bitterer Armut geprägt. Dann baute der Sohn vom Holzmeier Michl den Hof seiner Eltern aus, und zwei Jahrzehnte später steht ein glitzernder Palast mit Disco und Sauna da. Die Söhne von Holzbauern, die Töchter von Mägden stiegen so rasend schnell zu Hotelier-Dynasten auf. Und dann kam, viele Jahrzehnte lang, die Geschichte des MEHR. Mehr Lifte, mehr An- und Umbauten, mehr Betten, mehr Umsatz, mehr Bratfett.
Jetzt ist die Zeit des MEHR endgültig zu Ende. MEHR heißt nur noch: Preisverfall. Es ist Zeit für etwas Neues, für Mutiges, für ANDERES.
In dem kleinen Design-Hotel, in dem ich mit meiner Familie die Skiferien verbringe, gibt es keine Rüschen, Geweihparaden, Milchkannen. Ein Ehepaar mit Wiener Vergangenheit hat ein Paradies für die kreative Klasse geschaffen. Selfness für Individualisten, farbig, cool, eklektizistisch. Das Servicepersonal ist jung, entspannt und völlig unaufdringlich, aber extrem zugewandt. Sanfte Jazz- beziehungsweise ganz einfach Lounge-Musik durchdringt die lichten Räume. Im Wellness-Bereich dominieren Erdfarben, Feuer, Lehm, weiße Orchideen, asiatischer Minimalismus. Im Kaminzimmer kluge Bücher und edle Bildbände. Das Frühstück geht bis elf Uhr, ein leichtes asiatisch-vegetarisches Buffet mit Ölen, die dem Herzen und dem Magen gut tun, steht bis 17 Uhr zur Verfügung. Ein drahtloses Funk-LAN erfreut meinen Laptop. Das Hotel ist weiträumig ausgebucht mit Singles UND kinderreichen Familien mit hohem Bil-

dungsniveau. Man spricht englisch, dänisch, spanisch – urban. Man spricht GLOBAL.

Nebenan stehen die Ferienbunker leer, traurig hängen die Dralon-Vorhänge vor den Fenstern. »Naa«, sagt der Großhotelier im Gamshut, »die vom Design-Hotel sind halt anders. Das kann man nicht vergleichen!«

Eben.

Der neue Pro-Test für den Fortschritt

Als ich jung war, gehörte das Erretten der Welt zum Privileg einer Jugend, die von Berufs wegen alles besser wusste. Weltretten war *cool*. Es verhieß Ärger mit den Eltern, ungebremste Selbsterhöhung und das Risiko, von braven Bürgern mit »Geht doch nach drüben!« oder gar »Euch sollte man vergasen!« angebrüllt zu werden.
Heutzutage ist das Welterretten ein risikoloser Volkssport, an dem bis hin zur Volksmusik alle teilnehmen. Ein Beispiel ist der Erfolg des Buchs *Change the World for a Fiver* von Eugénie Harvey und David Robinson (auf deutsch *Einfach die Welt verändern*). Das Werk brachte es auf begeisterte Nachdrucke in zahlreichen Zeitungen bis hin zur *Kronen Zeitung*, schließlich sogar auf ein Cover der Illustrierten *STERN* (mit obligaten blauen Planeten im Hindergrund). Die Tipps der Experten: Bahn fahren, weniger Fleisch essen, Heizung runterregulieren, weniger Wasser verbrauchen.
Sollte man sich da nicht eigentlich freuen, dass heute jeder sein Scherflein zur großen Errettung beitragen kann?
Schon, aber jeder Konsens wird irgendwann wohlfeil, jede (Selbst-)Gewissheit früher oder später reaktionär. Längst ist die Ökologie zu einer neuen Trivialreligion mit eigenen Dogmen und Ritualen geworden, in der sich verhärtete, wiedergekäute Weisheiten der siebziger Jahre mit einer gehörigen Portion opportunistischer Denkfaulheit verbinden.

Die Liste der Ver- und Gebote ist lang: Kernkraft ist schlecht, Natur ist gut, Genforschung des Teufels Werk, »Wasserverbrauchen« ist schlecht (übrigens kann man Wasser gar nicht »verbrauchen«, weil es immer wieder in den Kreislauf zurückfließt).
Aber egal. Wenn einem gar nichts mehr einfällt:
Die gute Formel von der »Nachhaltigkeit« geht einem garantiert über die Lippen. Aber bisweilen wird dieser kuschelweiche grüne Konsens auch einmal gestört. Und das ist gut so.
In Oxford, der alten Universitätsstadt, kam es vor einiger Zeit zu einem zukunftsweisenden Konflikt. Die Universität wollte ein neues Tierversuchs-Laboratorium eröffnen. Prompt kam es zum reflexhaften Aufmarsch der Tierschützer inklusive talibanhafter Drohungen und zu mehr oder minder offener Gewalt. Aber dann geschah etwas Seltsames. Eine Gegengruppe formierte sich. Ganz normale, durchaus tierschützerhaft-aussehende junge Leute, die sich die klare Formel PRO-TEST auf Fahnen und Stirnen geschrieben hatten, demonstrierten FÜR das Labor! Sie argumentieren ganz simpel und cool: In Oxford wurde das Penicillin entdeckt und zunächst an Ratten getestet. Wer jemals ein Kind mit, sagen wir, Gehirnhautentzündung hatte, weiß, was das bedeutet. Fortschritt ist immer ein Abwägen. Bestimmte Medikamente, etwa in der Aids- oder Grippevirenforschung, müssen eben – mit aller möglichen Rücksichtnahme auf Tiere – an Tieren gestestet werden.
Natürlich bekamen die neuen PRO-TESTER massenhaft Mordankündigungen von den ach-so-pazifistischen Tierschützern. Die Polizei musste sie bei ihrem kleinen Demonstrationsmarsch vor dem Schlimmsten bewahren. Aber ein Anfang ist gemacht.

Wir treten in eine neue Phase der Protestbewegungen ein, in der sich viele Fronten verkehren, dabei aber auch klären. Was immer deutlicher wird: Gute Gesinnung bringt noch lange nichts Gutes, und Spießertum kann viele verschiedene Formen annehmen. Für den Fortschritt zu demonstrieren, für die Vernunft, für die Globalisierung, die Technologie, den (echten Markt-)Kapitalismus, für die Zukunft – wäre das nicht mal eine neue, schöne, cool-radikale Idee?

Optimismus als Hoffnungselixier

Wie wichtig ist Optimismus für Menschen, Gruppen, Gesellschaften? Kann er die Wirtschaft ankurbeln, politische Reformen voranbringen? Daniel Kahneman, Nobelpreisträger für Wirtschaftswissenschaften 2002, wies nach, dass das mentale Niveau eines Landes sehr wohl mit seinem Wirtschaftswachstum zusammenhängt. Aber nicht der Erfolg einer Volkswirtschaft macht ihre Mitglieder glücklich, sondern glückliche Menschen erzeugen eine Kultur, in der Produktivität und Wohlstand steigen und damit die Lebenszufriedenheit.

Nach meiner Erfahrung gibt es einen sanften Unterschied zwischen dem österreichischen und dem deutschen Pessimismus. Der deutsche Weltschmerz ist theatralisch, ideologisch fordernd. Er gibt sich kritisch, obwohl er nur depressiv ist. Wir fühlen uns immer als Zu-Kurz-Gekommene, von der Geschichte und den Mitmenschen schlecht behandelt, ausgebeutet, über den Tisch gezogen. Aber wir werden nicht aufgeben, zu fordern!

In Österreich ist der pessimistische Ton hingegen ein tiefer, melancholischer Bariton: Grantel-Moll. Irgendwie ist schon vor Äonen alles schief gegangen, man hat sich darin eingerichtet wie in einem alten, kalten Schloss. Gemma! Seit Karl Kraus ist eigentlich alles gesagt.

Der (nord)deutsche Pessimist und der österreichische Pessimist treffen sich in Elfriede Jelinek und scheiden sich in Thomas Bernhard, der tatsächlich Humor besaß.

In beiden Ländern kommen Pessimisten jedoch bei der Bevölkerung immer am Besten an.
Ein Beispiel:
Vor einiger Zeit saß ich mit Dieter Hildebrandt, dem alten Kämpfen des linkskritischen Humors, in einer dieser herrlich sinnlosen Talkshows. Hildebrandt stilisierte sich als fatalistischer Optimist, weil die Welt ja so schrecklich sei, dass man darüber nur lachen könnte. Seine Wortspenden liefen alle auf die übliche Beklagung des neoliberalen Zeitgeists/Kulturverfalls/menschenverachtenden Turbokapitalismus/böses Amerika/der Umweltzerstörung hinaus, wie sie in den Schunkelstuben des apokalyptischen Spießertums inzwischen üblich sind. »Man braucht die Menschen nicht mehr! Man kann sie alle auf die Straße setzen!«, rief er in die Kamera, und das Publikum klatschte frenetisch – wie immer, wenn man seine infantilen Sehnsüchte kitzelte.
Doch der Pessimist, der in der Welt das Schlechteste sieht, »es« immer schon gewusst hat, geht kein Risiko ein. Kommt es besser, lag es daran, dass er so leidenschaftlich gewarnt hatte.
Der Optimist hingegen trägt das volle Lebensrisiko. Er kann scheitern. Er kann enttäuscht werden. Er leistet einen Hoffnungskredit mit Risiko.
Optimismus ist eine Denk- und Fühlweise, die sich am Gelingenden orientiert. Und das Nicht-Gelingende akzeptiert und versucht zu verringern. So einfach ist das. Für Menschen mit Kindern, Lebenshunger und Verantwortung ist es die einzige mögliche Lebenshaltung.
Für Gesellschaften als Ganze ist Optimismus das Zukunftselixier schlechthin.

Der Abschied von den »grauen Herren«

Seit Monaten schon ergießt sich eine wahre Kaskade von grauen Gesichtern über die Bildschirme und Titelseiten Österreichs. Unsäglich traurige, versteinerte Gesichter, wie in einem Schwarzweiß-Film von Rainer-Werner Fassbinder oder aus Michael Endes MOMO, wo die grauen Herren mit ihren Zigarren die gesamte Zeit und Freude des Universums aufrauchen.
Gewerkschaftler-Gesichter.
Nun ist es aber billige Häme, unentwegt den Niedergang der Gewerkschaften zu beschwören. Derzeit erleben sie ansonsten zudem weltweit ein Comeback: im Rahmen eines globalisierungsfeindlichen, im Grunde reaktionären Retro-Marxismus. Aber Marx verstehen würde heißen, ihn weiter zu schreiben. Die Tragik der Gewerkschaften ist nicht, dass sie den Faktor Arbeit organisiert. Sondern dass sie dies immer noch mit den Kriterien des alten, »ehernen Prinzips« (Max Weber) der Industriegesellschaft tut.
Für Gewerkschaften existiert nur lebenslange, an Ort und Zeit gebundene abhängige Arbeit. In der Industriegesellschaft war die Arbeiterklasse die dynamische, aufwärtsproduktive Schicht und konnte einen immer größeren Teil am Wohlstandskuchen reklamieren – die Gewerkschaften sangen zu Recht »Mit uns zieht die neue Zeit!«.
In der Globalisierung verfällt jedoch der Wert genau dieser wiederholenden Arbeit, während die Wertschöp-

fung kreativer Team- und Wissensarbeit ständig wächst. Entsprechend entstehen immer mehr atypische, flexible, »selbstentrepreneurische« Arbeitsformen jenseits der tradierten Abhängigkeitskultur. Hier, und nicht mehr in den »gebundenen« Sektoren, spielt nun die ökonomische Musik.

Weil die Gewerkschaften mit diesem neuen, fluiden Arbeitstypus nichts anfangen können, bleiben sie auf den Restbeständen industrieller Arbeitsverhältnisse sitzen. So entsteht eine Opferkultur, gepaart mit einer Niedergangslogik, die in Finanzskandalen endet und sich in den Mienen ihrer steingewordenen Protagonisten widerspiegelt.

Wie aber könnten Gewerkschaften in einer Zukunftsökonomie aussehen? Wenn das Humankapital, also der Einzelne selbst, Träger der Produktivkraft wird, dann lautet der Hauptwiderspruch nicht mehr »Kapital versus Arbeit«, sondern »KREATIVITÄT/WISSEN gegen/mit KAPITAL«. Marxistisch gesprochen tritt eine neue Klasse auf den Plan, eine neue Zukunftsavantgarde. Zukunftsgewerkschaften könnten für diese Klientel Inspiration bei den mittelalterlichen Gilden holen, die den freien Handwerker gegen die Macht der Feudalfürsten vertraten. Dabei müssten sie einerseits nicht mehr passive Massen, vielmehr aktive Individuen vertreten, und andererseits sich als Dienstleister um das »Empowerment« ihrer Mitglieder kümmern.

Das Unternehmen Zukunftsgewerkschaft ähnelt einer Synthese von Arbeitsagentur, Weiterbildungspool und ÖMTC. Ja, ÖMTC! Wer arbeitslos wird respektive keine Aufträge mehr bekommt, wird »abgeschleppt« aus dem Graben der Erwerbslosigkeit. Mit Weiterbildung, Karriereassistenz und Coaching.

Utopisch?
Erinnern wir uns, dass einhundert Jahre lang die Idee der organisierten Arbeiterschaft als nackte Utopie abgetan wurde, unter anderem mit dem Argument, dass ungebildete Bauern vom Lande sich niemals anständig organisieren lassen würden.

Das österreichische Mysterium ist gelüftet

Seit ich in der schönen Stadt Wien wohne, bin ich auf der Suche nach dem österreichischen Geheimnis. Wieso funktioniert dieses Land so unverblümt, trotz aller Haiders und BAWAGs? Warum heben meine deutschen Freunde inzwischen bewundernd die Stimmen, wenn von den »schlauen Ösis« die Rede ist? Eine Zeit lang schien die Antwort im Klischee zu liegen: Klagen, Raunzen, Sudern als geschickte Produktionsmittel. Aber in dieser Disziplin schlagen die Deutschen inzwischen längst die Österreicher.

Und dann stieß ich auf Hademar Bankhofer.

Hademar Bankhofer ist ein grauhaariger Kavalier, der sein Alter seit der k. u. k.-Zeit nicht geändert hat. Er scheint soeben aus der Volksoper heraus gefallen zu sein, wo er fröhliche Lieder sang. Ohne Punkt und Komma und mit nur mäßigem Akzent kommt er zum Kernanliegen der Menschheit, der Gesundheit. Ach-wussten-Sie-schon, dass Mariendisteln ungeheure Wirkung haben? Salbei. Lecithin ... Gegen Chlor hilft Vitamin A. Radieschen absorbieren Tierfette. Bei Blasenkatarr helfen Wärmeflaschen und Kürbiskerne. Pottasche gegen Cholesterin. Auch Artischocken sind ja ein tolles Gewächs!

Bankhofer hat die Österreicher dazu gebracht, gemahlene Kieselsteine zu essen (Die Mineralien sind unter zahlreichem anderem gut für die Verdauung!). Natürlich ist Bankhofer kein Professor (sondern vom österrei-

chischen Staat ehrenhalber dazu ernannt). Er ist auch kein Arzt, sondern Journalist. Seine Kunst besteht vor allem darin, NIE zu reden aufzuhören. Längst ist er austriakischer Generalbotschafter in aller Welt, er sprengte bei *Kerners Talkshow* die Quote, weil er Fußgymnastik vorführte. Er akquirierte eine eigene Talkshow im Hessischen (!) Rundfunk, und seine Bücher mit unentwegten tausend Gesundheitstipps sind allesamt Bestseller.
Bankhofer ist das geborene Prinzip des GESUNDREDENS, wobei er auf jeden Strafduktus verzichtet. Klar, man muss bisweilen fasten und »entschlacken«. Aber dafür, Augenzwinkern, muss man auch ein wenig sündigen. Eher ein bisschen mehr. Sonst wirken die Kräuter ja nicht! Auf diese Weise fusioniert Bankhofer das katholische Prinzip mit modernem Marketing und medialem NLP. Seit es ihn gibt, reden in diesem Land Minister und Landeshauptmänner grundsätzlich von »Top-Positionen«, alles ist stets »Spitze« und »Super« und »Unvergleichlich!«.
Wer darüber in Piefke-Manier den Kopf schüttelt, hat die Welt nicht verstanden. Hirnforscher und Kognitionsphilosophen sagen uns ja übereinstimmend, dass wir die Welt ausschließlich durch ein inneres »Storytelling« konstruieren. Bankhofer ist nichts anderes als der Guru der modernen Stimmungswelt, in der das »Health Feeling« zum entscheidenden Standortvorteil wird:
Wer gesund denkt, den belohnt das Leben!

Abschied von Multikulti?

Bei manchen Phänomenen der öffentlichen Meinung ist es wie an der Börse: Wenn alle in ein und dieselbe Richtung denken, wird es höchste Zeit sich zu verabschieden. Zum Beispiel beim GLOBAL WARMING. Erst kürzlich las ich über eine Studie von Klimatologen, die herausgefunden haben, dass sich Vegetationszonen verändern. Wein zum Beispiel wächst demnächst an der Elbe, etwa auf der Höhe von Hamburg.
Den Wein wird das kalt lassen, weil er im letzten Winter auf dem Weg dorthin festgefroren ist. Richtig hermetische Glaubenssysteme haben jedoch die Angewohnheit, auch die Anzeichen für das Gegenteil als Beweis zu vereinnahmen.
Ähnlich ist es mit einem der klassischen »Sager« unserer Tage: dem Abschied von »Multikulti«. »Die große Illusion« titelte vor einiger Zeit der deutsche *Focus*. In jedem Kommentar von *FAZ-SPIEGEL-PRESSE-KRONE*, auch in der *TAZ*, liest man seit Monaten, dass es nun gilt »sich radikal von den Illusionen der Kuschelideologie zu befreien ... Die Integration ist gescheitert ...«
Seitdem sitzen strenge ältere Herren zu Dutzenden in Talkshows und machen sich Sorgen über verschleierte Frauen. Was man ihnen irgendwie nicht so richtig abnimmt ...

1. In einer globalen Welt ist die Idee der Multikulturalität so etwas wie das Lebenselixier der Kultur. Man wird

gar nicht anders können, als sich miteinander zu vertragen, im Sinne eines republikanischen Weltbürgerrechts. Die Alternative dazu ist Mord und Totschlag.

2. Alle Gesellschaften bilden Parallelgesellschaften aus. Wer einmal bei wachem Verstand eine Fernsehsendung mit Hansi Hinterseer gesehen hat, weiß, dass es Abgründe von Fundamentalismus mitten unter uns gibt.

Ein Vertreter der amerikanischen Regierung hat neulich darauf hingewiesen, was WIRKLICH in Europa gescheitert ist: nämlich die ökonomische Aufwärtsmobilität der Zugezogenen. Wenn Menschen Chancen wahrnehmen, ihre Fähigkeiten nutzen und sozial aufsteigen, dann ändern sich schnell auch die kulturellen Parameter. Dieser Assimilationsprozess hat lange Jahrzehnte, als es in unserer Ökonomie noch dynamisch zuging, gut funktioniert. Und an diesem Punkt wird die Problemdebatte wieder sehr vernünftig.
Damit Menschen auf- und einsteigen können, müssen sie über die wesentlichen »Tools« verfügen. Dazu gehört vor allem die Sprache. Deshalb ist der »New Deal« jener Schule in Kreuzberg, die sich auf Deutsch als Umgangs- und Primärsprache einigte, ein wichtiges Signal. Und wenn wir schon einmal dabei sind, sollten wir nicht gleich noch einen Schritt weitergehen? Neben dem obligatorischen Deutsch für Ausländer auch Englisch für Inländer zu fordern, von der ersten Klasse an! Denn unsere Wirtschaft ist längst global geworden, und ohne Englisch als *lingua franca* droht Verarmung, Verrohung und kultureller Rückfall in den Fundamentalismus.
Manchmal trägt die Debatte wahrhaft absurde Züge. Der Zeitgeist wütet verbal gegen die Multikulturalität.

Gleichzeitig macht er eine extreme Form davon zur gnadenlosen Bedingung. Konservative Regierungen zeigen den Einbürgerungswilligen Bilder mit nackten Frauen und küssenden Schwulenpärchen und fragen diese, ob sie das gut finden.
Wenn DAS möglich ist, dann wächst auch bald Wein am Inn, ganz oben, auf der Nordspitze.

Wie wir in Österreich nicht aussterben werden

Können Sie sich noch an die Vogelgrippe erinnern, diese finale Bedrohung der Menschheit? Oder an das Waldsterben? Den Krieg der Kulturen, steigende Kriminalität, Bildungsnotstand, immer fettere Computerkinder?
Alles vergessen. Der Treck des medialen Alarmismus ist weitergezogen, zur nächsten Baustelle, die jetzt mit den Schaufelbaggern der öffentlichen Angstmache bearbeitet wird.
Die Europäer, so berichtet uns zum Beispiel *Die Presse*, sterben aus. Sie vermehren sich nicht mehr, und deshalb werden sie früher oder später durch Türken, Araber und Chinesen outgesourct. Selber schuld!
In den österreichischen Medien ist die Ursache dafür inzwischen zwingend ausgemacht: Egoismus und soziale Kälte haben besonders die Frauen zu Gebärverweigerungsmonstern gemacht. Sie ziehen den schnöden Mammon, die Bildung und die Karriere dem einzigartigen Erleben der Mutterschaft vor.
Da ist sie wieder, die alte, teutonische Lust am moralischen Zeigefinger, am dumpfen Reproduktionsraunen. Gebären als Metapolitik, als Welt- oder Nationenrettung. Verbunden mit einer gnadenlosen Re-Romantisierung der Familie, die abwechselnd als genetische Notgemeinschaft oder »altruistische Keimzelle« gefeiert wird (und in der angeblich früher alles besser war).
Wer eine Familie hat und diese auch wirklich lebt, weiß jedoch, dass Familien wenig mit Altruismus zu tun

haben. Wenn sie gelingen, tun sie das aufgrund eines chaotisch-balancierten Multi-Egoismus. Win-Win-Situationen eben, für alle Familienmitglieder.
Dabei basiert die Fruchtbarkeitsrate in modernen Wohlstandsgesellschaften auf neun ganz einfachen Faktoren:

Erstens:	auf Zukunftsoptimismus
Zweitens:	auf eine auch für Männer flexible Arbeitswelt
Drittens:	auf Männern mit Mut zur andauernden Vaterschaft
Viertens:	auf einem unterstützenden Freundes- und Verwandtschaftsumfeld
Fünftens:	auf Ganztagsschulen
Sechstens:	auf familienfreundlichen Dienstleistungen rund um die Uhr
Siebtens:	auf Steuererleichterungen
Achtens:	auf möglichst vielen Orten, an denen Kinder nicht als lästig (oder als feuilletonistisches Problem) betrachtet werden
Neuntens:	auf einem nüchternen Pragmatismus, der Kinder nicht als alleinigen Lebenssinn verherrlicht

Kommen mehrere dieser Faktoren zusammen wie in Skandinavien, Frankreich und noch anderen europäischen Ländern, dann steigt die Geburtenrate wieder. Und auch in Deutschland gibt es inzwischen so genannte »Fertility-Cluster«. In Großstädten wie Frankfurt, Berlin, Frankfurt sind es ausgerechnet Stadtteile mit dem höchsten Schwulenanteil, in denen die Kinderzahl wieder deutlich über die Reproduktionsrate gestiegen ist. Warum?
Weil die jungen, gebildeten Frauen dort ein vielfältiges

soziales Leben als Mütter weiterführen können, anstatt als unfreiwillige Hausfrau in der Villa am Stadtrand zu versauern.
Weil es viele unkonventionelle Männer und Jobangebote gibt.
Weil Kinder in diesen urbanen Milieus wie in einer (erweiterten) Großfamilie »mitlaufen« können, statt zum existentiellen Superprojekt zu werden.
Was mit Sicherheit der Geburtenrate weiter in den Keller treibt, ist der Gefühlsterrorismus des Feuilletons mit seinen Adlaten aus dem reumütigen *SPIEGEL*-Milieu. Wo dieser Erweckungsheroismus regiert, lässt man »es« lieber ganz bleiben.
Dann schon lieber wagnerianisch aussterben!

Felix Austria

Noch letzte Woche versteckte ich mich auf Journalistenpartys in Hamburg oder Bankerversammlungen in Frankfurt meistens hinter dem kalten Buffet. Wenn die Rede auf meine derzeitige Wahlheimat kam, wechselte ich gerne das Thema. Wien? Österreich? Hmm. Was hat Sie denn dahin getrieben? Kennen Sie Timbuktu? Das ist doch auch interessant ...

Aber nun ist alles anders.

Eigentlich wussten immer schon alle, dass Wien eine leuchtende Stadt ist. Klasse Bars! Sicht bis nach Budapest und weiter! Und die weltoffenen Wiener, meine Güte, sind da nicht auch RENNFAHRER und ZAUBERER zuhause (wie heißt der gleich – Niki Heller?). Und der Osten liegt weit vor den Füßen, und die Alpen sind chic und modern, von Vorarlberger Purismusarchitekten mit Zukunftsarchitektur verschönt. Und tolle Innovateure gibt es in der Wirtschaft: Gartenläden wie in Chelsea, Kristallwelten, Wellness- und Erlebnishotels vom Feinsten.

Also alles, was ich als überzeugter Europäer immer schon seit Jahren bescheiden anmerke ...

Österreich hat es als kleines Land zunächst tatsächlich leichter. Die Szene im *STERN*, wo die Sozialpartner im coolen Kaffeehaus sitzen und Kompromisse aushandeln, gibt es tatsächlich. Ein Standortvorteil, den das Land mit Finnland, Irland, Portugal, Dänemark teilt. Aber auch mit Island und Liechtenstein und Luxemburg. In all diesen Ländern sind Reformen tatsächlich noch beschlussfähig. Hier gibt es ein kohärentes Selbstbewusstsein, das die geschmeidige Anpassung an die Zeitläufe inkludiert. Der Nationalstaat ist noch das Gefäß der zivilen Gesellschaft. Aber er neigt auch zur Abkapselung, zur riskanten Optimierung der eigenen Interessen.

Ähnlich wie die Schweiz ist Österreich ein »eliteglobalisiertes« Land. Weil es so klein ist, mussten die Talentierten immer schon in weiten Parabeln über den Planeten ziehen. Wenn sie zurückkamen, hatten sie genug Komplexität aufgenommen, um weise zu handeln.

Österreich hat, wenn man es auf den Punkt bringen will, erfolgreich auf HALTEN gespielt. Das industrielle System wurde belüftet, rechtzeitig geöffnet und sanft modernisiert. Aber es fehlt an jener Dynamik, die alleine die Transformation in die Wissensgesellschaft bewerkstelligen kann. Es fehlt an Aufwärtsmobilität. An Bildungsgewinnen, die in breiten Schichten in sozialen Transformationen münden. Man neigt zum Sitzenbleiben und Warten, ob der Staat nicht ... oder die EU, diese Bürokraten ... Sagen wir es vornehm:

Transfermentalitäten sind den Österreichern nicht fremd. Deshalb erwarten sie, wie die Deutschen, den Niedergang der Wirtschaft in der Zukunft. Und wenn sie daran glauben, wird es – self-fulfilling prophecy – auch so kommen.

Und dann sind da noch all die anderen Dinge, unter denen man als überzeugter Globopolist durchaus leidet. Provinzielle Abwehrkriege um Ortstafeln. Ein Bildungs-, Familien-, Frauen- und Karrierebild, wie es nur noch selten vorkommt. Eine Metropole, in der man erstklassige

Servicedienstleistungen immer noch nur auf dem illegalen Schwarzmarkt bekommt.
Aber das packen wir auch noch. Das hat mir der Bundeskanzler höchstpersönlich versprochen.
Und DANN können die Piefkes ECHT was lernen!

Liebe heisst, sich selbst verändern zu wollen

»Österreichs sozialer Kitt bröckelt«, hieß es vor einiger Zeit in einer Pressemitteilung des Klagenfurter Humaninstituts. Das sinkende Sozialkapital sei schuld an der Isolation vieler Menschen, der Zerfall der Familien schreite voran, es mangele den Bürgern an vertrauensvollen Beziehungen zu den Mitbürgern. Besonders defizitär, so die Sozialforscher, sei die »höchste Ebene« des Sozialkapitals, »der Glaube an Gott, Ideologie und Staat«.
Irgendwie erinnerte mich diese Litanei an meinen Onkel Egon, Gott hab ihn selig. Egon, ein Verwandter um Ecken, war in den siebziger Jahren verwitwet und lud sich gerne zum Weihnachtsfest meiner Familie ein, die damals noch regelmäßig und üppig zusammen feierte. Er nörgelte dabei ständig am Essen herum, kritisierte uns Kinder und neigte zu reaktionären Ideologien, in denen das Wort »Juden« verdächtig oft vorkam. Er war ein Kriegsversehrter, wie es damals noch viele gab, dazu ein Grantler vor dem Herren. Als er langsam hinfällig wurde, verschärfte sich der Ton, mit dem er Zuneigung einforderte. Er bellte durchs Telefon, dass sich niemand um ihn kümmerte, in dieser Gott- und Respektsvergessenen Zeit! Als er dann zu Hause pflegebedürftig war, vergraulte er auch noch die wenigen, die nach ihm sahen, indem er sie unflätig beschimpfte. Nie konnte es recht und schon gar nicht genug sein.
Wie weit sind wir SELBST – als Individuen – verantwort-

lich für unser »Sozialkapital«? Wer produziert eigentlich diesen ominösen »Kitt«, der die Gesellschaft zusammenhält?

Unsere mentale Ideologie ist die Erwartung. Wir erwarten vom Staat, dass er uns rettet vor dem Unbill der Globalisierung und der Märkte. Wir erwarten vom Partner, dass er so ist, wie wir ihn uns ausgedacht haben. Wir erwarten von »der Gesellschaft«, dass sie uns aufhebt, das Alter absichert, die Schwächen ausbügelt. Wir erwarten zum Beispiel zu Weihnachten unglaublich viel. Und sind gleichzeitig unentwegt gestresst, denn wir wissen: So harmonisch, wie es sein soll, wird es nicht werden. Am Ende essen und trinken und streiten wir dann doch wieder zu viel ...

Das ist vielleicht der Fluch (ich weiß, ein starkes Wort!) der christlichen Welt-Konstruktion: Das Christentum ist ein Meister im Trösten, aber das Tröstungsversprechen stärkt auch jene Erwartungspassivität, die das Individuum leicht in Unmündigkeit hält. In einer vielfältigeren, globaleren Welt benötigen wir aber viel höhere Grade von »Selfness«, von Selbstwissen und Eigenkompetenz.

Manchmal hat man das Gefühl, wir wollen nicht wachsen, sondern komfortabel Kinder bleiben. Könnte mit alledem auch unsere strukturelle Depressivität zusammenhängen, die Österreicher und Deutsche ja miteinander teilen? Das deutsche Internet-Depressions-Barometer (www.depressionsbarometer.de) steht speziell zur Vorweihnachtszeit bei einem Index-Wert von vierzig. Das ist mehr als eine momentane Verstimmung. Bei 42 Punkten beginnt der Verdacht auf Depression, bei 52 die schwere Depression.

Es gibt aber auch fast vergessene Botschaften im Christentum, die uns heute als Vorbilder dienen können. Aufzubrechen, ein Anderer zu werden, Verantwortung zu übernehmen.
Liebe heißt, sich selbst verändern zu wollen.
Diese andere, verschüttete Seite der christlichen Botschaft sichtbarer zu machen, das wäre wahre Zukunft.

Wenn es schneit im Frühling

Franz K., Skiliftbesitzer auf 1500 Meter Seehöhe, ist stinksauer. »Das da«, sagt er (und zeigt auf zwei riesige Schneehaufen), »ist mein Ruin! Und das habt ihr Zukunftsforscher mir eingebrockt!«
Unter den Haufen verbergen sich zwei wenig genutzte Schneekanonen. Kostenpunkt 120 000 Euro, angeschafft im Herbst nach einem superheißen Sommer, als sich Tourismusberater, Klimaforscher und Medien einig waren:
»Es wird im Alpenraum immer wärmer. Winter im alten Sinn wird es nicht mehr geben! Die Schneefallgrenze steigt auf Dauer über 1500 Meter!«
Also schleunigst Schneekanonen kaufen, damit die Touristen nicht ausbleiben.
Nach diesen Prognosen einen schneereichen Winter zu erleben, versetzt uns in doppeltes Erstaunen. War es nicht eine ausgemachte Sache, dass es von Dezember bis März grün und gatschig bleiben soll? Vergessen die Kindheitswinter, in denen an den Fenstern die Eisblumen wucherten und nach langem Schnee der Frühling über Ostern hereinbrach wie ein Fieber. Schneit's aber erst ab Dezember sind wir schon wieder beleidigt, gekränkt, betrogen.
Ist das nicht völlig unnormal? Gab es früher so etwas überhaupt?
Unsere Wetterwahrnehmung hat sich an die öffentliche Propaganda der Klimaerwärmung in vorauseilendem

Gehorsam angepasst. Aber der Planet kümmert sich nicht darum. Denn er ist ein lebendes, sich wandelndes System. Alles ist im Fluss. Die Antarktis war einst ein Dschungel, und als Ötzi über den Samnaun-Pass wanderte, gab es dort kaum Eis. Jede Spezies verändert die Biosphäre. Termiten tun das. Kühe und Schafe (durch ihre Methan-Abgase), Plankton, Algen. Dinosaurier haben die Biosphäre regelrecht umgepflügt. Bäume vermehrten via Photosynthese vor 400 000 Jahren das Klimagift Sauerstoff in der Atmosphäre. Was für 99 Prozent der Tierarten in der »Kambrischen Vielfalt«, der höchsten jemals gemessenen Artenvielfalt des Planeten, im gewaltigsten Artensterben aller Zeiten endete.
William Ruddiman weist in seinem Buch *Plows, Plagues and Petroleum – How Humans took Control of the Climate* nach, wie Menschen seit einer Viertel Million Jahre ständig das Klima beeinflussen: durch Ackerbau, Rodung, Fischfang, durch Verbrennung, Wanderung und Jagd. Dabei waren viele Veränderungen vor tausenden von Jahren radikaler, auch klimatologisch, als unsere heutigen Technologien es sind.
Heute funktioniert die Formel vom GLOBAL WARMING wie ein Dogma, ja eine Religion. Wie dort dienen auch Gegenbeweise als Nachweis (»Wenn es kälter wird, liegt dies AUCH am Global Warming«). Woran liegt das?
Weil die Global-Warming-Botschaft erstens auf mentalarchaische Bilder zurückgreift, die unsere Weltwahrnehmung anthropologisch strukturieren. Flut, Sturm ... ganz allgemein der Untergang, das ist die ewige Bedrohung des Menschengeschlechts und damit tief in unseren unbewussten Angstbildern verankert.
Zweitens bietet die Global-Warming-These eine treffliche Schuldstory, mit der ganze Meinungsindustrien sat-

tes Geld verdienen (Die Amis! Der Turbokapitalismus! Die Chinesen!).
Wenn wir jedoch eines Tages, als Spezies und Mediengesellschaft, klüger und weiser geworden sein werden, werden wir hingegen verstehen, dass steter Wandel eine Verhandlungsgrundlage der Evolution ist.
Dass wir auf einem unruhigen, durchs All trudelnden Planeten wohnen, auf dem die Gletscher mit und ohne menschlichem Zutun wachsen, kalben, schrumpfen und sofort.
Und auf dem es manchmal eben bis ins Frühjahr schneit.

Sind Herr und Frau Österreicher richtig digitalisiert?

Im fernen Hannover tobt jedes Jahr wieder die Leitmesse der großen Digitalität, die CEBIT mit all ihren Flachbildschirm-Verheißungen. Und wie jedes Jahr reiben sich Herr und Frau Österreicher (und mit ihnen der Rest der Welt) die Augen und fragen verwundert: Bin ich schon richtig digitalisiert? Muss ich nicht schleunigst auch den tollen Super-HDTV-W-LAN-XGA-Superduper Riesenflachschirmcomputer mit eingebautem Blue-Ray-Kontrollmodul besitzen?
Es ist schon erstaunlich, wie schnell eine Fortschrittsbranche konservativ werden kann. Seit einiger Zeit wird uns in Hannover und den angrenzenden Gebieten nämlich exakt das Gleiche versprochen.
Der erste Megatrend lautet »Schnelligkeit« – und in der Tat werden Computer immer schneller, nur dass die immer komplizierteren Programme alle Schnelligkeit wegfressen. Der zweite Megatrend lautet »totale Konvergenz« und handelt vom endgültigen – und diesmal definitiven! – Zusammenwachsen aller Geräte. Man kann dann mit dem Kühlschrank fernsehen, mit dem Handy Fußballspielen und im Wohnzimmer die Musik im Schlafzimmer steuern, während man mit der Großmutter videotelefoniert. Allerdings hat es noch niemand geschafft, das alles zu bedienen. Und vor allem bedienen zu WOLLEN. Denn irgendwie wissen wir (aber geben es nicht zu), dass Fernsehen, am Rechner arbeiten und Kommunizieren eben doch ganz verschiedene

Dinge sind, mit eigenen Körperhaltungen und Gehirnaktivitäten. Man will sie vielleicht gerade NICHT auf demselben Gerät erledigen.
Neulich blieb mein Auto mit einem Geräusch, das an eine getretene Katze erinnerte, einfach stehen. Ich rief den ÖMTC an, und innerhalb einer halben Stunde war ein äußerst freundlicher, kompetenter Herr mit einem fahrenden Werkstattmobil zur Stelle. Das ganze kostet mich einen müden Jahresbeitrag, ein Trinkgeld und ein nettes Lächeln. Service pur.
Die Entwicklung des Automobils ist ein wunderschönes Beispiel, wie eine Technik im Laufe der Zeit »convenient« und »embedded« werden kann. Aber es brauchte mehr als ein halbes Jahrhundert, um aus den dröhnenden, stinkenden Kisten jene ganz passablen Fahrgeräte zu machen, bei denen man inzwischen nicht mal mehr wissen muss, wo der Ölstutzen sitzt. Das Entscheidende dabei ist nicht so sehr die Technik, sondern die Infrastruktur. Rund um das Auto hat sich eine Kultur, ein alltäglicher Lebensstil entwickelt. An jeder zweiten Ecke findet man eine Tankstelle, in der es nicht nur Benzin, sondern auch Semmeln und Zeitungen gibt. Menschen in Werkstätten nehmen sich, wenn man will, der kleinen Probleme rund ums Funktionieren an. In die meisten Autos kann man immer noch einsteigen und einfach losfahren, und sie stürzen auch (noch) nicht mit unverständlichen Fehlermeldungen ab.
In der Digitalwelt aber können wir von solchen Komfortgefühlen immer noch nur träumen. Computer sind, bei Licht besehen, immer noch hässlich, unpraktisch und von Viren verseucht (mit Ausnahme von Apple, natürlich, meiner Stammmarke). Wer Hilfe im digitalen Babylonien sucht, muss entweder Digitalfreak oder in einer

Firma angestellt sein, die ihre Angestellten aus Eigeninteresse digital rundumversorgt. Bevor ich mir einen neuen XGA-Superduper-flachbinär-HDTV-Schirmcomputer kaufe, warte ich jedenfalls darauf, dass es in jedem Haus einen ELECTRONIC BUTLER gibt, einen digitalen Hausbesorger. Erst dann beginnt die wahre Zukunft.

Auch in Österreich ändern sich Dinge bisweilen über Nacht

Zu den unterschwelligen Paradigmen unserer Zeit gehört das Gefühl, dass sich niemals etwas ändern lässt. Menschen scheinen, in bizarren Ideologien festbetoniert oder unentwegt in archaisch-mörderische Verhaltensweisen zurückzufallen. Politiker scheinen, unfähig und machtgeil, an der komplexen Wirklichkeit der globalen Welt zu versagen.

»Österreich wird für alle Ewigkeit ein patriarchaler Honoratiorenstaat bleiben, in dem die Männer die Spielregeln zu ihren Gunsten setzen!«, stöhnte neulich eine Freundin, die als berufstätige Ärztin an der Unmöglichkeit verzweifelt, in diesem Land Mutter zu sein und gleichzeitig vernünftig Karriere zu machen.

Dennoch ändern sich die Dinge, manchmal sogar über Nacht. Das Rauchen zum Beispiel. Noch vor fünf Jahren trat man in eine dichte Wolke aus Teer und Nikotin, wenn man in Schwechat aus dem Ankunftstor trat. Heute ist in unserem Wiener Lieblingslokal, dem Steirerstöckl, zwar immer noch keine rauchfreie Zone eingerichtet (weshalb wir es derzeit boykottieren), aber immerhin wird man in öffentlichen Räumen bisweilen GEFRAGT, ob das Rauchen stört. Man wundern sich zwar, wenn die Antwort »Allerdings!« lautet, geht dann aber tatsächlich auf den Balkon.

Währenddessen hat einige hundert Kilometer südwärts, in Italien, eine stille Revolution stattgefunden. »Vietato fumare«, Rauchverbot überall – aus mit dem Qualm im

öffentlichen Raum. Was haben die Auguren der Unwandelbarkeit gejammert: NIEMALS werde auch nur ein Wirt sich daran halten, die Trattorias würden eingehen, die Wirtschaft darben.
Genau das Gegenteil ist eingetreten. Frauen, Kinder und Alte bevölkern jetzt die Cafés, Bars und Restaurants der Großstädte, die eine neue Vitalität zeigen. Die Nikotinsucht geht zurück. Das Gesundheitsbewusstsein steigt. Das italienische, spanische, irische und demnächst englische Beispiel verdeutlicht, wie innerhalb kürzester Zeit ein ganzes kultursoziologisches »Setting« kippen kann. Plötzlich organisieren sich scheinbar aus dem Nichts heraus neue Mehrheiten, pflanzt sich ein neuer Verhaltenskodex epidemieartig fort.
»Emergenz« nennt die Systemsprache solche Phänomene. Wenn man ein bisschen offen in die Welt schaut, findet man viele Beispiele für solche positiven Wandlungssprünge. Finnland zum Beispiel war vor fünfzehn Jahren noch eine deprimierte, alkoholisierte Nation am Rande Europas – und gehört heute zu den Paradebeispielen einer Wissens- und Technologienation mit viel Kraft und Optimismus. Aus dem agrarisch-gemütlichen Irland wurde über Nacht eine moderne, wohlhabende Dienstleistungsgesellschaft. Die osteuropäischen Länder erleben, trotz aller Widerstände, einen steilen Aufstieg aus dem Sumpf des Pessimismus. In Deutschland muss nur eine andere Regierung an die Macht kommen, und plötzlich erscheint Familien- und Frauenpolitik im Licht von Machbarkeiten.
25 000 Menschen kommen in Österreich jedes Jahr durch die Folgeschäden des Rauchens um. An islamistischen Fanatismus sterben deutlich weniger. Wie die Welt ist, das ist vor allem eine Frage der selektiven Wahr-

nehmung. Lassen wir es zu, dass die tanzenden Derwische, die derzeit die Fernsehschirme dominieren, unser Realitätsbild definieren?
Das könnte auch eine Verdrängung der REALEN Probleme sein!
Zukunft passiert, im Kleinen wie im Großen!
Wir müssen nur hinschauen und der Angst ein Schnippchen schlagen, durch hartnäckige, aktive Hoffnung.

Die Dekoration entrümpeln

Im Gedankenjahr 2005 stellte sich Österreich dar.
Österreich feierte sich.
Staatsvertrag und Verfassung, High-Tech-Nation und Bio-Region, Land von Wellness und High-Power-Sportnation, weltoffen und naturnah.
Das gab auch den Anlass für eine politische Veranstaltung in einer Landeshauptstadt, auf der ich als Redner eingeladen war.
»Herausforderung Zukunft« lautete das Motto.
Die Liste der Begrüßenden, die vor mir an die Reihe kamen, war ziemlich lang. So hatte ich Zeit, zu lauschen.
»Wir sind in allen Punkten eine Top-Region!«, sagte der Landeshauptmann mit sonorer Stimme. »Wir haben menschliche Bürger in einem menschlichen Herzen von Europa! Wir schaffen sichere Arbeitsplätze und mehr Raum für die Familie! Wir haben eine heile Natur mit modernen Betrieben, die ihre Mitarbeiter fair behandeln! Wir glauben an den Glauben und an die Zukunft, die selbstredend unser Verbündeter ist!«
Starker Beifall. Humpa, Humpa-Tussch – machte die freiwillige Blaskapelle der Feuerwehr.
Jetzt war der örtliche Bürgermeister am Pult: »Unsere Stadt hat für ihre Bürger eine erstklassige Lebensqualität geschaffen. Die Heimat ist für unsere Bürger Geborgenheit und Sicherheit im modernen Europa!«
Tätäää, Tätäää! – lärmte es.
»Zukunft und Herkunft gehören zusammen. Wir müs-

sen mutig die Herausforderung annehmen!«, so ließ sich der Landrat vernehmen.
Nun stimmte die Blaskapelle die Landeshymne an. Alle erhoben sich und sangen.
Als ich an der Reihe war, entstand eine entsetzlich lange Pause. Mein Manuskript schien plötzlich in meiner Hand kläglich zu schrumpfen. War mein Text nicht viel zu unhöflich? Ich hatte offene Fragen formuliert:
Wie gehen wir mit der Frage von Hochtechnologie um, wenn ein großer Teil der Bevölkerung eher technikfeindlich denkt und fühlt? Wie können wir den dumpfen Patriachismus bezwingen, der unsere Gesellschaft immer noch durchzieht. Die neue Rolle der Frauen verstehen und in gesellschaftliche Kontrakte umformen? Die Türen zu einer neuen Bildungsgesellschaft aufstoßen? Die Migrations- und Alterungsfrage sinnvoll verknüpfen? Wie ließe sich die Abhängigkeitskultur überwinden, die in fünfzig Jahren Fürsorgestaat gewuchert war?
Jetzt schien das alles ungewollt provokativ. Man wollte LAUDATIO von mir, Hymne, Selbstbestätigung.
WINDOW DRESSING nennen die Engländer eine Strategie, die die Fensterauslagen sehr hübsch dekoriert. Die die Kunden mit schönen Worten umgarnt, aber keine Beschwerden hören möchte. Die gerne mit Marketing-Begriffen operiert und den allgemeinen »Newsspeak« für sich vereinnahmt: Alles wird hip und cool und MODERN. Und wir liegen im Trend! Noch Fragen?
»Die Österreicher wollen gefallen, nicht kommunizieren«, schrieb mir vor einiger Zeit ein nicht unbekannter Künstler in einem freundlichen Leserbrief. »Darin spiegelt sich immer noch die lange feudale Geschichte dieses Landes.« Ist das wirklich so? Bleibt das ewig?

Es gibt ja auch ganz andere Zeichen. In der Bildungsdebatte zum Beispiel, in der Frage von Ganztagsschulen oder neuen Lerninhalten, bewegt sich Erstaunliches. Quer zu allen politischen Lagern überschreitet man alte Ideologien, erörtert neue Fragen, lässt die alten Frontstellungen hinter sich. DAS ist Mut.
Die Dekoration wird entrümpelt, der Blick dem Wirklichen zugewandt.
DANN passiert Zukunft.

Die Zukunftskunst des Scheiterns

»Ein kluger Mann«, sagte Winston Churchill, »macht nicht jeden Fehler selbst. Er gibt auch anderen eine Chance.«

Das ist ein wunderbares Zitat, weil es melancholisch und ironisch zugleich ist. Und vom eigentlichen Schlüsselthema unserer Tage handelt: vom Scheitern.

Vom Scheitern der Gewerkschaften zum Beispiel: Jahrelang haben sie von einer gesellschaftlichen Gegenmacht geträumt, die antikapitalistisch und »gut« sein sollte – und jetzt .... Vom Scheitern der Politiker zum Beispiel: Seit vielen Jahren erzählen sie uns, dass wir mit ein paar Korrekturen unser industrielles Wohlstandsmodell schon halten können – und jetzt ...

Wenn Scheitern nicht eingestanden wird, entsteht eine Lebenslüge, die sich fatal verhärten kann. Wir kennen das aus unserem privaten Bekanntenkreis. Plötzlich, nach fünfzehn Jahren Ehe, in einer Gesundheitskrise, spürt man, dass es keine wahrhaftige Liebe war, die einen verband. Jahrelang hat man den Anderen ertragen, man wollte ja nicht an ihm herumerziehen. In Wahrheit aber fehlte der Mut zu klaren Worten. Vielleicht auch der Mut zum Alleinsein.

Umgekehrt weiß, wer sich einmal von einer Lebenslüge aufrichtig getrennt hat, wie großartig jene Katharsis sein kann, die im Moment aufrichtigen Aufgebens beginnt. Wir erfinden uns neu, weil wir eine Krücke wegwerfen, deren Konstruktion meist aus tiefer liegenden Verletzungen stammt. Wir verstehen, wer unsere wirklichen Freunde sind. Wir beginnen wieder, nach dem *Eigentlichen* zu fragen. Das »Reset« des Scheiterns macht wieder ein staunendes Kind aus uns.

Die Alternative zum ehrlichen Scheitern ist das desaströse Versagen. Die mörderischen Familienkatastrophen, die immer wieder durch die Medien geistern, erzählen diese Geschichte. Hitlers Wahnsinn lässt sich als eine einzige Historie verpassten Scheiterns lesen – von der Nicht-Aufnahme in die Kunstakademie von Wien bis zum Untergang von Berlin.

Was ist das Gegenteil von »Scheitern können«? Ganz einfach: Ideologie. Wer unentwegt an dem festhält, was nicht geht, macht sich zum Hanswurst einer überkommenen Idee. So, wie heute zum Beispiel Oskar Lafontaine in den Hülsen einer verholzten marxistischen Sprache wie ein Sprachautomat wirkt, kann man das ideologische Getöse aus allen Lagern wieder vernehmen. Für die einen ist alles »neoliberal«, was nicht in ihr betoniertes Feind- und Weltbild passt. Die anderen sehen überall »Wertezerfall«. So drehen sich die wichtigen gesellschaftlichen Reformdebatten lärmend im Kreis.

In letzter Zeit scheint die Zukunftskunst des Scheiterns langsam voranzukommen. Das Freud-Revival zum Beispiel lässt hoffen, dass wir uns in Zukunft mehr um die anderen, die verdrängten Seiten unserer Seele kümmern. Bruce Willis hat nach eigenen Angaben eingesehen, dass er »in Liebesbeziehungen ein Totalversager ist« (Er erspart sich und uns auf diese Weise grässliche Scheidungsdramen und kaputte Kinder). Oliver Kahn hat in seiner fast schon legendären Katharsis »Ich kann damit leben, Nummer zwei zu sein« allen gezeigt, was

ordentliches Scheitern für den guten Ruf tun kann. Wir warten jetzt auf die vielen Anderen, die Politiker, die Wirtschaftsführer. Auf uns selbst. Wir könnten ja sagen: Wir sind mit unserem alt-industriellen Modell gescheitert. In der globalisierten Wissensgesellschaft wollen wir Arbeit, Leben, Liebe neu organisieren. So, dass auch Frauen leicht in Spitzenpositionen vorrücken können – und dabei Familie haben.
Wie sagte schon John Cage?
»Keine Ahnung, warum Leute Angst vor neuen Ideen haben. Ich jedenfalls fürchte mich vor den alten!«

Auf Integration verzichten und Neues, Drittes schaffen

Seit Sigmund Freud in der Weltstadt Wien das Unbewusste entdeckte, wissen wir, dass innere Bilder sich nicht betrügen lassen. Immer wieder kehren sie zurück an die Oberfläche, quälen und erregen uns, so sehr man auch versucht, sie zu vermeiden, zu unterdrücken, umzudeuten.
So sind auch die Adele-Bloch-Bauer-Bilder von Klimt, die nun befreit an Maria Altmann (zurück)gegeben wurden, ein Drama des Unbewussten. Sie handeln von unerlöster Geschichte, von den verborgenen Spiegeln der Vergangenheit.
In diesem, meinem Gastland Österreich sind Vergangenheit und Zukunft auf seltsame Weise verstrickt. Die Vergangenheit hat nie so richtig aufgehört und so hat die Zukunft es wahrhaftig schwer. In einem Land, dessen Gründungsmythos zum Teil bis heute die Opferkonstruktion ist, stehen viele gewaltige Bilderrahmen herum, zwischen denen in großen Lettern das starke Wort »Zukunft!« prangt. Aber wenn man genau hinsieht, wirken die Leinwände seltsam leer, die Motive abstrakt, ohne Tiefe, die Farben verblassen. Da ist es schon wieder das »Window Dressing« – der Fassadenschmuck.
Hingegen findet man ältere Männer mit Loden, Hut und einer kristallklaren Schäferhund-Gesinnung in einer derart ungeheuerlichen Reinkultur in der Trafik, dass man sofort begreift, dass die Revolte von 1968 hier niemals wirklich stattgefunden hat.

Als ich neulich in Wales war, waren sie dort in einer knorrigen fremden Sprache geschrieben. In den Schulen lehrt man walisisch, eine seltene, melodiöse Sprache irgendwo zwischen Inuit und Kirgisisch. In Barcelona wird Katalan heute als Hauptsprache gelehrt, die Straßenschilder sind Katalan, die Umgangssprache ist Katalan. Sechzig Prozent der Erdbevölkerung sind zweisprachig, etwa neun Prozent nach Rechnungen der OECD sogar dreisprachig. Bis vor siebzig Jahren war das Waldviertel eine zweisprachige Membran-Region zwischen Ost und West, Böhmen und Österreich. Dass es dies heute nicht mehr ist, macht seine schwierige, manchmal tote Lage aus.

G. Pascal Zachary hat in seinem Buch *Die neuen Weltbürger* wunderbar die Standortvorteile kosmopolitischer Mischkulturen beschrieben. Überall dort, wo Menschen aus ihrem Kulturell-Identischen aufbrachen, vor allem an den unordentlichen Rändern von Kulturräumen, wuchs etwas vitales Neues heran. Alle Kulturen sind im Endeffekt Mischkulturen, mit Ausnahme einiger archaischer Tribal-Gesellschaften, die seit Jahrtausenden stagnieren. In Vorarlberg trafen Alemannen auf Bergbauern. Im Elsass mischten sich Welsche mit Hugenotten und Deutschen. Die ganze deutsch-österreichisch-ungarische Geschichte ist eine Gemengelage, die ihre fruchtbarsten und friedlichsten Zeiten dort fand, wo sie auf »Integration« verzichtete und stattdessen etwas Neues, Drittes schuf. Umgekehrt beginnt der Niedergang stets dort, wo Mehrheitsgruppen von sich behaupten, sich selbst zu genügen. Und dies in Schildern manifestieren. Dann beginnt ein langer Abstieg.

An den Schildern, an den Bildern erkennt man Zukunft. Oder eben ihr Gegenteil.

Aus »intelligentem Design« entsteht unentwegt Zukunft

Schwäne sind uralte Symbole von Ewigkeit und Melancholie. Sie bleiben schön und blütenweiß bis sie sterben, sind sich ein Leben lang treu. Ihre Anmutigkeit hat unendlich viele künstlerische Romantizismen hervorgebracht, von anzüglichen Bildern à la Leda bis zur Ballettkonfiguration.

Nun liegen die Schwäne mit verdrehtem Hals im Eis, und uns gruselt, weil die Bilder jenen schönen, apokalyptischen Schein haben, den menschliche Hirne bei der Selektion von »Storys« so lieben: Todesboten, gefallene Engel, Anzeichen von Unheil. Wir sind in unserem Neocortex zutiefst auf solche Symbole programmiert.

Das Symbol, für das die toten Schwäne stehen, handelt von der ewigen Bedrohung des Menschen durch die Mikrobiologie. Eines Tages, so lautet die dahinter liegende Legende, wird uns ein Monster aus der Mikrowelt ausrotten. Eine fiese Kombination aus Ebola-Virus und Schnupfenerreger, vielleicht terroristisch-diabolisch geschärft, wird aus den Laboren ausbrechen und endgültig Tabula rasa mit der Menschheit machen.

Der apokalyptische Set ist politisch angereichert durch die derzeit herrschende Globalisierungspanik. Das Böse ist immer und überall, weil es hochmobil geworden ist wie das Kapital. In einer globalisierten Welt sind die Vögel eben die Mobilsten von allen, und deshalb bringen sie Tod und Teufel besonders effektiv. So verbindet sich die Globalisierungsangst symbolisch mit der Terror-

und Naturangst – ein idealer Mix für die Medien, ein toller Nährboden für eine ordentliche Hysterie.
Ist die Angst nicht realistisch? Die Pest des Mittelalters, die Grippepandemie von 1918, der mehr Menschen zum Opfer fielen, die unzähligen Seuchen der Vergangenheit – all das ist tief in unser kollektives Gedächtnis eingegraben. Es ist kaum ein halbes Jahrhundert her – die Zeit vor dem Penicillin, als viele Kinder, Alte, Schwache noch nach kurzem, fiebrigen Wahn dahinschieden, und man wenig mehr tun konnte als beten.
In Wirklichkeit beinhaltet die Geschichte der Vogelgrippe eine ganz andere Botschaft. Manchmal, ja doch, springen Mikroorganismen von Spezies zu Spezies, manchmal erzeugen sie dabei tödliche Pfade, wie das Beispiel Aids erzählt. Aber wenn man Natur und Evolution in ihrem Wesen versteht, weiß man, dass es hier nicht um »killing« geht, sondern um schlichtes Überleben, um Anpassung, um Symbiosen, um Koexistenz und um Co-Evolutionen. Ohne unsere Helfer aus der Mikrowelt in unseren Körpern könnten wir weder atmen noch verdauen, wäre unser Immunsystem nicht entstanden und damit das ganze komplexe System der Lymphen und Hormone. Die neue Evolutionsbiologie zeigt uns sogar, dass Viren eine wichtige Rolle bei der Entwicklung der humanen DNA spielten.
Nein, »die Natur« hat keine »Intention« uns auszurotten. Selbst wenn es gelänge, terroristische »Kombiviren« herzustellen, würden diese in einer Umwelt, mit der sie nicht in einer sinnvolle Win-Win-Beziehung treten könnten, schnell sterben. Oder wir Menschen würden unser Verhalten ändern. Ja, das können wir. In der Pest des Mittelalters lernten Menschen die Hygiene – nicht mehr mit dem Geflügel ins Bett gehen, das wird im

Fernen Osten gerade verlangt. Ein Menschenleben ist fragil, bedroht, aber auch unglaublich zäh und in der Evolution auf gewisse Weise behütet.

Um das zu verstehen, kann Gottvertrauen nutzen, aber auch Einsicht in die Evolution, jenes »intelligente Design«, aus dem unentwegt Zukunft entsteht.

Die neue Chancenwelt für Österreichs Berufsanwärter

In meiner Jugend in den siebziger Jahren hatten wir ein zentrales Lebensproblem: Wie vermeiden wir es, so spießig und satt zu werden wie unsere Eltern? Deshalb nutzten wir die Arbeitswelt als Surfbrett und lebten mit wenig Geld ein möglichst lustvolles Leben. Um mein Studium zu finanzierten, jobbte ich jeden Sommer im Lager eines Supermarktes. Im Herbst verkaufte ich Schallplatten vor Rockkonzerten, machte ein Praktikum in einem Kinderladen, einem Jugendheim und später in einer Stadtzeitungsredaktion, wo ich schließlich Redakteur wurde, um von dort aus eine journalistische Karriere zu beginnen. Da war ich schon dreißig, also genau im richtigen Alter.

Heute ist, um ein altes Spießer-Bonmot zu benutzen, nichts mehr wie früher. In den Zeitschriften wimmelt es von herzzerreißenden Reportagen über arme, ausgebeutete Praktikanten (das so genannte »Prekariat«), die keinen sicheren Job mehr bekommen und noch mit dreißig Jahren traumverloren durch die Gegend wandeln. Die Gründe dafür sind, wie kann es anders sein, Globalisierung, Neoliberalismus, Heuschrecken und andere Gemeinheiten der Gegenwart.

Frankreichs Jugend, hippiehaft und sexy wie eh und je, revoltiert derweil mit roten Fahnen, Palästinensertüchern und unglaublich süßen Schmollmündern nicht für die Utopie, nein, für garantierte Jobverhältnisse.

In meinem kleinen Unternehmen, dem Zukunftsinstitut,

arbeiten eine Menge Praktikanten. Wir zahlen sie schlecht, zögern mit Verlängerungen, trennen uns von vielen von ihnen wieder. Die Gründe sind nicht Globalisierung und Neoliberalismus, sondern die substantielle Veränderung von Arbeit. Viele Tätigkeiten in unserem Institut sind nicht wirklich »kommandierbar«. Sie entwickeln sich erst durch die Personen, die sie ausüben und ausfüllen und langsam in sie hineinwachsen. Ständig entstehen neue Herausforderungen, Berufsbilder, Lernprozesse. Deshalb kommt es sehr stark auf den Charakter an, auf Kommunikationsfähigkeit, Motivation, Lernfähigkeit, Engagement – auf SELFNESS, also die Fähigkeit, sich selbst zu kennen und realistisch einzuschätzen. Ob ein Mensch über solche Soft Skills verfügt, findet man aber nicht durch einen Bewerbungsbogen heraus – der ist oft professionell, aber geschönt gestaltet, sondern nur durch alltägliche Praxis.
Man mag jetzt einwenden, dass es sich um eine privilegierte Situation im Rahmen reiner Wissensarbeit handelt. Aber nach meiner Erfahrung ist es in Friseursalons, Autowerkstätten, Büros und Rundfunkanstalten inzwischen nicht anders: Laufbahnen werden durch Möglichkeiten ersetzt, Qualifikationen durch Talente, »Aus-Bildungen« durch Weiterlernen, »Stellen« durch Jobs. Die dadurch resultierende Unsicherheit hat durchaus eine positive Seite: Wenn einer ein Problem löst, wenn er wirklich zu uns passt, kriegt er bei uns auch einen Job. Und kann dann locker drei, vier Hierarchiestufen überspringen. Eine Chancenwelt eben.
Im einundzwanzigsten Jahrhundert sind wir alle das PREKARIAT. Es gibt keine »Stelle«, keinen »Arbeitsplatz«, mehr sondern immer nur neue Herausforderungen. Genau das ist der Unterschied zur alten Arbeitswelt des

Industriesystems, in dem alle abgesichert, aber auch zutiefst in Abhängigkeit gehalten wurden. Ich weiß, dass viele am Liebsten ganz schnell dorthin zurück wollen. Ich nicht.

Die unsterbliche Lust auf Panik

»Es wird«, sagte der Herr im Lodenmantel und mit steifem Hut am Taxistand in Währing, »immer schlimmer. Jetzt kommt auch noch die Seuche, da aus dem Osten die Seuche, diese LUNGENPEST!«

Das die Welt untergeht, ist auch in Österreich wahrhaftig nichts Neues. Man wusste es schon lange vor Karl Kraus, und man wird es wahrscheinlich auch im Jahr 3003 wissen, wenn wir alle nur noch in komfortablen virtuellen Freizeitgummianzügen herumlaufen:

Es wird immer schlechter. Jeden Tag. Zunehmend. Viele Jahrzehnte konnte man mit dieser Gewissheit ganz angenehm leben. Es wurde zwar immer schlechter, aber auf immer höherem Niveau. Jetzt aber, in der Zeit des Krieges und der finalen Herrschaft der Medien, verrutschen uns endgültig die Kriterien.

Nehmen wir das Beispiel SARS.

Das akute Atemnot-Syndrom hat eine Sterblichkeitsrate von drei bis fünf Prozent. Das ist einige Prozent weniger als die meisten Varianten der Grippe, durch die allein im letzten Jahrhundert fünfzig Millionen Menschen auf diesem Planeten starben. Gegen die Grippe ist nach langen Forschungsjahren ein tatsächlich funktionierendes Medikament gefunden worden, Tamiflu, das hunderttausende von Leben retten kann und retten wird. Hat man darüber in der Zeitung gelesen?

Kaum, ebensowenig wie über die Tatsache, dass Impfung die Grippesterblichkeit inzwischen massiv senkt.

In der globalen Mediengesellschaft werden die Medien nicht nur zur Waffe, sondern auch zu zentralen Zukunftsentscheidern. Wie sie über ein Phänomen wie SARS berichten, welche Bilder (besonders wirksam sind Männer aus Gen-Labors in dämonisch-orangenen Schutzanzügen) und Psychologien sie verbreiten, entscheidet über das ökonomische Wohl und Weh ganzer Kontinente, ja der Weltwirtschaft. Mediale Panikattacken sind ungleich wirksamere Wirtschaftswaffen als alle kriegerischen Konflikte. Mit ihnen kann man ganze Volkswirtschaften platt machen und Innovationen verhindern (so wird etwa UMTS wahrscheinlich nicht an den Märkten scheitern, sondern an den Elektrosmogparanoikern).

Nehmen wir das Beispiel KRIEG.

Natürlich ist der Irak-Krieg ein beängstigendes und gefährliches Ereignis. Aber betrachten wir das Phänomen Krieg einmal aus der Vogelperspektive: Im zwanzigsten Jahrhundert fiel im Schnitt jeder hundertste Erdenbürger einem kriegerischen Konflikt zum Opfer. Heute ist es, bei über sechs Milliarden Menschen, eher jeder Dreihundertste, der durch eine Waffe oder Bombe ums Leben kommt – weit weniger, als durch Ertrinken, Selbstmord oder Autounfälle. Im Laufe der vergangenen Jahre haben etliche blutige Kriege ein Ende gefunden, und fast alle diese Konflikte wurden mithilfe der UNO beendet.

Interessiert das überhaupt jemand?

Beschäftigt sich irgendjemand mit der REALITÄT?

Die Medien schicken uns in einen dunklen, zukunftslosen Tunnel, in dem die Ängste regieren und die Panik zur »normativen Kraft des Faktischen« wird. Wenn die Welt einmal wirklich untergeht, soviel ist gewiss, dann

nicht, weil sie immer schlechter wird, sondern weil wir vor lauter Angst vor der Angst uns panisch in einen mentalen Abgrund stürzen.
Mit Hut und wehendem Lodenmantel.

»I, Robot«, ein Film, der auch in Österreich auffiel, handelt von einer uralten Fantasie der Menschheit. Im Jahre 2035 kommen hunderttausende von Dienstleistungsrobotern auf den Markt. Im Film ist es das Modell »NS-5« der »Nestor-Klasse«. Es verfügt über mehr als 35 000 Fähigkeiten, die es perfekt beherrscht. Hierzu gehören Kochen (dreihundert Rezepte), Servieren, Abwaschen, Bügeln, Aufräumen, Buchhaltung und Gassi-Gehen. Der Roboter kann Lasten bis zu 350 Kilogramm heben. 24-Stunden technischer Support per Telefon und E-Mail und kompletter Vorort-Service machen das Angebot unwiderstehlich.

Mal ehrlich: Was wäre aktueller – und einleuchtender – als eine solche Vision? Endlich keine gestressten Frauen mehr, die Job und Haushalt UND Ehemann mühsam balancieren müssen. Keine haushaltsdilettierenden Männer, die von ihren furiosen Frauen zu Fremdarbeit gezwungen werden. All das Elend unserer alltäglichen Lebensorganisation wäre mit einem Schlag hinfällig. Also, her mit den Dingern, am liebsten dutzendweise!

An der Fantasie des allzeit dienstbereiten Roboters kann man als Zukunftsforscher wunderbar »Floppologie« betreiben – die Wissenschaft von den NICHT REALISIERTEN ZUKUNFTSVISIONEN. Denn die Roboter-Fantasie ist ja uralt, sie reicht bis tief in die Urmythen, und sie ist zutiefst mit existenzphilosophischen Fragestellungen verbunden. Im achtzehnten Jahrhundert bestaunten die Menschen schon den »schachspielenden Türken«. In den fünfziger Jahren des zwanzigsten Jahrhunderts winkten Roboter von zahlreichen naiv-gläubigen Zukunftsbildern. Meist als dienstbereite Assistenz der stets strahlenden Hausfrau-Mutti.

Warum wird also am Ende die Roboter-Armee mit den dienstbereiten Haushaltshilfen nicht kommen?

Erstens, weil es verdammt schwierig ist, sie zu bauen. Allein die Bewegung eines Armes ist in Milliarden von Evolutionsjahren perfektioniert worden. Heutige Roboter sind und bleiben, trotz Millioneninvestitionen, so intelligent wie eine Brotschneidemaschine.

Zweitens wollen wir (als Menschen) wissen, ob »das«, mit dem wir täglich umgehen, lebendig oder tot ist. Was eine Physiognomie hat, definieren wir als Gegenüber – und deshalb gibt es nichts Gruseligeres als etwas HALBLEBENDIGES, etwas UNTOTES mit menschlichem Antlitz. Aus diesem urhumanen Grund werden auch in Zukunft die »intelligenten« Maschinen unseres Haushaltes eher so aussehen wie Waschmaschinen, Rasenmäher und Staubsauger.

Drittens ist das Ganze kein technisches, sondern ein SOZIO-technisches Problem. Wenn eine Maschine die komplexen Algorithmen unseres Alltagschaos tatsächlich REGELN könnte – hieße das nicht, dass wir dann so wären wie blöde Maschinen?

Nein.

Wir sind immer ein bisschen schwieriger. Darauf beharren wir. Das ist unser Stolz. Wir wollen, dass UNSERE FRAU liebevoll und aufopferungswürdig den Haushalt leitet, dass UNSER MANN endlich über seinen Faulheitsschatten springt – und deshalb wird der Wahnsinn im Haushalt bleiben!

Bis zum heiligen Sankt Nimmerleinstag!

Technologische Prozesse brauchen humane Lernprozesse

Ich möchte ihnen für Ihre »Future Fitness« etwas über Zukunftsgerüchte erzählen, also über jene Vorurteile und Prämissen, mit denen in Sachen Zukunft auf jedem Vortrag, auf jeder Rede hausieren gegangen wird.
In den wilden Zeiten der »New Economy« kam ein Spiel in Mode, das wir für eine Zukunftsübung gut verwenden können: *Bullshit Bingo.* »Bullshit Bingo« war eine ironische Antwort auf die Angeberkultur des »New Business Speak«. Immer, wenn ein Redner auf einer der unzähligen Businesskonferenzen wundersame Modewörter wie »Power Selling« oder »Equity Power« benutzte, stand man (besser eine Gruppe) auf und brüllte lautstark:

»BULLSHIT!«

Ich möchte Ihnen vorschlagen, in jeder Zukunftsdebatte, in der folgenden Sätze mehr als einmal fallen, aufzustehen und lautstark »BULLSHIT!« zu brüllen:
Alles wird immer schneller!
In einer Zeit, in der sich der technische Fortschritt unaufhörlich beschleunigt …
Angesichts immer schnellerer Veränderungen in unserer Welt, unvorstellbarer neuer technischer Möglichkeiten und ihrer überstürzenden Wirkungen auf die gewachsenen Strukturen …
Das menschliche Wissen verfällt alle fünf Jahre!
Etc. …

Leben wir wirklich in der schnellsten aller Zeiten?
Technologie braucht Zeit, manchmal *sehr viel* Zeit. Der technische Fortschritt hat eine klar erkennbare Rhythmik von Durchbruchsphasen und »Verdauungsepisoden«, die den Prozess wieder entschleunigen. Technologische Revolutionen brauchen HUMANE LERNPROZESSE – es hat siebzig Jahre gedauert, bis die europäische Bevölkerung so gut Autofahren konnte, dass der Blutzoll auf den Straßen auf ein erträgliches Maß sank (die Autotechnik hatten natürlich AUCH Anteil an diesem Prozess).
Wir werden noch viele, viele Jahre brauchen, bis Computer TATSÄCHLICH unsere kleinen Alltagsfreunde sind und das Internet das Prädikat »Massenmedium« wirklich verdient.
Wir werden noch viele, viele Jahre brauchen, bis wir die aufregenden Forschungsergebnisse in der Genforschung in reale, anwendbare Technik umsetzen können. Wir lernen erst ganz, ganz langsam, wie der Code des Lebens funktioniert, und noch schwerer ist es, zu lernen, wie man verantwortungsvoll damit umgeht.
Das zwanzigste Jahrhundert war in technologischer Hinsicht eine weitaus »schnellere« Ära als unsere jetzige: Flugzeug, Auto, Telefon, Radio, Penicillin, Atombombe – die Erfindungen und Veränderungen des Alltags häuften sich innerhalb weniger Jahrzehnte. Auch an dramatischen sozialen Veränderungen ließ sich das zwanzigste Jahrhundert nicht lumpen. Trotz aller Medienaufgeregtheit, trotz allem Krisengeschrei leben wir heute – speziell in Österreich – in einer relativ ruhigen Ära.
Verdoppelt sich tatsächlich alle fünf Jahre »das Wissen der Menschheit«? Verfällt das Wissen »immer schneller«? Solche alarmierenden Parolen gehen runter wie

Öl, machen den Menschen Angst – aber stimmen nicht im Geringsten. Verdoppelt tut sich der mediale Lärm, die Anzahl von Kontoüberweisungen, Werbeblocks und Spam-Mails: kurz, der ganze Lärm, den die moderne Medienwelt veranstaltet. Aber das Wissen? Wissen ist eine sehr langsame, humane, analoge Kategorie, die man nicht beliebig vermehren oder ersetzen kann.
Um für die Zukunft fit zu sein, gehört zuallererst eine gewisse Gelassenheit. Die Zukunft hat, wie alles Menschliche, ihr Maß.
Das sollten wir wissen, bevor wir uns auf das Abenteuer Zukunft einlassen.

Good News are NO News

»Die den Erdball umschließende Ozonschicht wird weniger rasch abgebaut als zuvor. Nach neusten Erkenntnissen haben US-Forscher nun konkrete Hinweise für die Erholung der schützenden Ozonschicht entdeckt. Die neue Untersuchung zeige damit erstmals, dass der Stopp der FCKW-Produktion positive Auswirkungen hat. ›Das ist der Anfang einer Erholung der Ozonschicht‹, sagt Prof. Michael Newchurch von der University of Alabama in Huntsville, der das Forscherteam leitete.«
Diese kleine Meldung ging weltweit an die Nachrichtenagenturen. Kaum eine hat sie wahrgenommen, in kaum einer Zeitung wurde sie gedruckt. Eine Null-Meldung. Warum?
Weil sie nicht den Thrill einer Gefahr, eines möglichen Weltuntergangs transportiert; weil sie nicht den Angst-Sound trifft, mit dem sich treffliche Auflage oder Zuschauerquote machen lässt. *Good News are NO News!*
In diesem Buch geht es um Zukunftsfitness, um unsere inneren Einstellungen zur Zukunft. Grundlegend lassen sich in unserem Kulturkreis zwei Grundhaltungen beobachten:

1. Futurophilie

Das Internet wird eine neue, gigantische Welt der Möglichkeiten eröffnen! Roboter und künstliche

Intelligenz werden unsere Einkäufe erledigen und uns in unseren vollautomatischen Häusern die Hausarbeit abnehmen! Die globale Welt lässt alle Menschen rund um den Planeten miteinander verbunden sein!
Das trunkene Gefasel des technikverliebten Zukunftsoptimismus hat uns nun wieder einige Jahre begleitet. Bisweilen verkleideten es nur mühsam die dahinter liegenden Interessen. Denn was oft gemeint war, war ja viel profaner: *Kauf Aktien! Computer! Handys!*

2. Futurophobie

Es ist schon schlimm genug, aber es wird immer noch schlimmer kommen. Die Alten werden die Jungen ausplündern. Die Sozialsysteme werden zusammenbrechen. Die Wirtschaft taumelt dem Abgrund entgegen. Globalisierung ist schlecht und erzeugt Terrorismus! Die Wälder sterben (oder waren's die Wale? – egal).
Futurophobische Haltungen sind derzeit in Mitteleuropa so en vogue wie schon seit den achtziger Jahren nicht mehr. Sie verdichten sich leicht zu hysterischen Syndromen, in denen alle Probleme und Wetterphänomene des Planeten zu einer einzigen apokalyptischen Gemengelage zusammengerührt werden.

Beide Zukunftsbilder sind im Kern infantile Haltungen. Sie verbinden sich in Österreich nahtlos mit einer gewissen Grundbereitschaft zum Granteln und Klagen.

Daraus entsteht leicht jener reaktionär-nostalgische Muff, der sich wie eine Ozonwolke über die Gesellschaft legt. Und Zukunft im Kern verhindert. Nachhaltig.

Was ich als Gegenhaltung vorschlagen möchte, ist eine gewisse grundlegende Skepsis, die aber auf der Erfahrung gelungenen Wandels beharrt.

Optimismus ohne Blauäugigkeit.

Wenn wir in eine Zeitmaschine steigen und fünfzig oder hundert Jahre zurück in die Vergangenheit Europas fahren könnten, würden wir sofort begreifen: Ja, die Dinge können sich verbessern! Und wie! Menschen können lernen! Gewiss: Es gibt immer Gefahren, ungelöste Konflikte, schreckliche Dinge. Aber irgendwann muss man sich entscheiden, auf welcher Seite man steht. Auf der Seite des Problems oder der Lösung.

Eine Gesellschaft, die die Zukunft innerlich aufgibt, verwirkt sie. Sie hat dann nur noch eine schlecht recycelte Vergangenheit vor sich, wenn überhaupt.

Ich plädiere für Glücksunterricht in österreichischen Schulen

Es ist an der Zeit, ein wenig über das Glück nachzudenken. Gerade wenn man Kinder im schulpflichtigen Alter hat. Denn spätestens im Alter zwischen acht und zwölf Jahren werden die Weichen für das soziale Verhalten gelegt, wachsen die Wurzeln für Weltverständnis und emotionale Fähigkeiten. Und eben auch die Kompetenzen für das Glück.

Wer Eltern hat, die ihr Lebensunglück auf subtile oder offene Weise an ihre Kinder weitergeben, der hat es schwer mit seinem zukünftigen Lebensglück. Er gerät in einen Bannstrahl, der das Unglück über viele Generationen steigern kann. Depressive Eltern erzeugen depressive Kinder, neurotische Mütter neurotische Söhne, gefühlskalte Väter kaputte Töchter (die Beweise dafür können wir im Bekanntenkreis besichtigen oder in den Büchern von Elfriede Jelinek).

Mindestens genauso wichtig wie die Eltern sind die Lehrer. Aber verstehen sie nicht nur etwas von Mathe, Deutsch oder Englisch, sondern auch von der »Glücksfrage«?

Die deutsche Familienministerin Ursula von der Leyen möchte den gesellschaftlichen Problemen mit »Werteerziehung« zu Leibe rücken. Mit Werten ist es aber so eine Sache. Man kann sie lang und breit behaupten, predigen und fordern, aber damit tötet man sie oft nur.

Anders ist es mit dem Glück. Glück kann man direkt spüren, man kann es verstehen. Und man kann es lehren.

Das zumindest behauptet Ian Morris, der Chef der religiösen Erziehung in Großbritannien. Er möchte an englischen Schulen ein neues Fach mit dem simplen Namen »Happiness« einführen, in dem es weniger um die Gefahren von Drogen oder frühzeitigem Sex geht, sondern um eine einzige Frage:
Wie werden wir glücklich?
Man spürt schnell, welche Sprengkraft in einer solchen Perspektivendrehung liegt.
In der derzeit viel zitierten christlich-abendländischen Kultur geht es nämlich keineswegs um das Glück, sondern um Schuld, Sühne und Erlösung. Das humane Unglück wird vorausgesetzt und dann mit gewaltigem mythologischem Aufwand bekämpft, mit Opfern, Leiden, schrecklichen Qualen. Das menschliche Glück hingegen wird eher als Schein und Illusion dargestellt. In unseren Schulen übersetzt sich das in einen Lernstil, der immer noch die Sanktion und das »Büffeln« protegiert, statt Neugier, Ich-Werdung und Selbstlernen. In unsere Gesellschaft aber übersetzt sich das langfristig in eine versteckte Depression, die sich zum Beispiel in horrender Zukunftsangst ausdrückt.
Der amerikanische Psychiater Martin Seligman, der die »positive Psychologie« begründete, hat in vielen Büchern beschrieben, wie ruinös mangelnde Glückskompetenz für Individuum und Gesellschaft sein kann. Aber Glück ist nicht »easy«. Es fordert Entscheidungen von uns, harte Arbeit am Selbst, Potenzen der Freiheit.
Das also sind die entscheidenden Fragen:
Wie machen wir unseren Partner glücklich?
Wie machen wir unseren Körper »happy« – durch Bewegungs-Endorphine und glückliche Ernährung?
Wie können wir im Beruf tun, was wir *wirklich-wirk-*

lich wollen – und dabei (damit) unsere Familie stärken?
Eigentlich müsste man die Bezeichnung dieser Unterrichtseinheit noch erweitern: »Glückskunde und Selbsterkenntnis« sollte die tägliche Stunde heißen, für alle Staatsbürger von acht bis achtzig Jahren verbindlich!
GNOTIS SEATON lautete das Motto des Orakels von Delphi:
ERKENNE DICH SELBST!

Statt Skandalonien ein Verhaltenskatalog für Politiker

Dass Politiker korrupt sind, eine unfähige Kaste, ein machtgeiler Haufen ohne Moral, das weiß ich seit meiner frühen Jugend, als diese Weisheit im Zuge der 68er-Revolte sehr in Mode war. Damals war das allerdings die Meinung einer ganz kleinen, radikalen Minderheit.
Heute ist das anders.
Der Taxifahrer, der Intellektuelle, die Verkäuferin, die Frau an der Kinokasse, mein Kassenarzt, der Nachbar, Frau Meier, alle alle sind sich einig, dass die Politiker ganz gerissene Hunde sind, die sich nur in die eigene Tasche schaufeln, lügen wie gedruckt und obendrein das Land zugrunde richten.
Man kann das ja auch im Wortlaut jeden Tag in der Zeitung lesen. In wüsten, wütenden Invektiven prasselt die Diktion des kritischen Journalismus auf die Politiker hernieder. Alle wollen Karl Kraus sein. Keine finanzierte Website ist klein genug, um nicht den Rücktritt im Namen des allgemeinen, unerhörten und grauenhaften *Skandalons* zu fordern. Keine Kolumne, in der nicht jener singende Ton der Politiker-Verachtung angestimmt würde, hinter dem doch gleichzeitig eine »umgedrehte Hörigkeit« lauert – warum nimmt man die Politiker so grausam wichtig, wenn sie doch eh nur Unsinn reden? »Unfähig«, »charakterschwach«, »dem Volk entrückt«, »schamlos« »zynisch«. In der Skandalon-Sprache gibt es keine Kompromisse. Wer verhandelt, der »mauschelt«, wer mit

sich reden lässt, der macht selbstredend »miesen Ausverkauf«.
In einem Land, in dem auch Hitler seine Lehr- und Wanderjahre erlebt hat, sollten wir mit solchen Diktionen besonders vorsichtig sein. Nannte nicht Hitler wie Lenin das Parlament eine Schwatzbude und die politischen Gegner korrupt, unfähig, miese Charaktere, dem Volk entrückt etc.?
Die Sprache des Skandalismus wird auf Dauer zum Gift für die politische Kultur. Ein sich kritisch-intellektuell gerierender Habitus verbindet sich hier mit dem barocken und ständig News-geilen Boulevard, in dem es immer nur um Nasen, Gesichter, um »Faces« geht, die man (rotgesichtig und von unten fotografiert) verbrechermäßig verfremdet, bis sie endlich aufs Titelbild geknallt werden, retuschiert mit Krokodilstränen oder heruntergezogenen Mundwinkeln und dem Wort »Skandal« in der Schrift sechzig Punkt Helvetica. Auf diese Weise werden Karrieren gemacht (Haider verdankt seinen dämonischen Glanz diesem Mechanismus) und Ressentiments ins Bodenlose gesteigert. Nur um eines geht es längst nicht mehr: um Politik, um Inhalte, um Demokratie, um Zukunft.
In der österreichischen Demokratie gibt es, anders als in England oder Frankreich, keinen verbindlichen Verhaltenskatalog, der regelt, wann ein Politiker zurücktreten muss.
Für die Zukunft der Demokratie wäre eine solche Klarheit segensreich, auch um Druckschwärze und Honorare für selbstähnliche Häme-Elegien zu sparen. In großen, seriösen Zeitungen angelsächsischer Prägung etwa kann man seine Zunge zu hüten. Man ist keineswegs kritiklos, Gott bewahre. Aber man weiß, dass Politiker auch

irren können, und dass es nicht ihr Job sein kann, uns – dem Volk – populistisch nach dem Maul zu reden oder Unterhaltungsbedürfnisse zu erfüllen. Und man weiß auch, wann das Wort Skandal tatsächlich berechtigt ist – und wann ein Politiker wirklich gehen muss.
Und dann geht der auch.
That's guaranteed.

Das Strudel-Prinzip

Beim Versuch, dem regnerischen Teil des Sommers in Richtung Sonne zu entkommen, fuhr ich mit meiner Familie noch einmal eine Woche in den Süden. Die Herausforderung lautete: Wie geht es vom kontinentalen Wien schnellstmöglich ans blaue Meer? Wir nahmen also einen Zirkel und errechneten die kürzeste aller Routen. 540 Kilometer schnurstracks gen Süden, durch das schwarzwaldhafte Slowenien nach Kroatien, an die Kwarner Bucht, die »Österreichische Riviera«.

Im ersten Laden fragte die Frau hinter der Theke: »Italienisch? Deutsch? Englisch? Russisch?« In welcher anderen Gegend der Welt werden Verkaufsverhandlungen SO begonnen? Und wo spricht dann eine einfache Verkäuferin tatsächlich alle vier Sprachen fließend?

In Lovran, unweit Rijeka, wohnten wir in der »Villa Astra«, einer venezianischen Villa mit Blick aufs Meer. Sie wurde von Vjekoslav Martinko, einem transeuropäischen Kreativ-Hotelier, vor zwei Jahren zu neuem Luxusleben erweckt. Ein junges, multikulturelles Hotelteam hat sichtlich Spaß am entspannt-professionellen Hotelservice, das den Vergleich mit London oder Los Angeles nicht scheuen muss. Man serviert mit leicht ironischen weißen Handschuhen. An der Wand hängen leicht ironische Gemälde von Kaiser Franz Joseph. Nur sechs Zimmer, alle mit Blick aufs Meer, alle mit Betten, so groß wie ein Schiff. Martinko hat große Pläne. Zäh und heldenhaft arbeitet er gegen die sozialistischen Restbestände an der

istrischen Küste, wo sich immer noch ein Hang zum Billig-Tourismus zeigt. Dabei bietet die Gegend ganz andere Potentiale.
Die Silhouette Lovrans, mit ihrer klassizistischen Architektur und der fraktalen Felsenküste, lässt uns ahnen, was Kerneuropa einmal war. Bevor vor sechzig Jahren der europäische ethnische Wahnsinn ausbrach, der in dieser Region bis ins vergangene Jahrzehnt dauerte (der serbisch-kroatische Krieg war kaum mehr als fünfzig Kilometer entfernt), bildete diese Region ein Kraftzentrum. Mit dem Geld des »Zweiten Kondratieffs«, jener großen industriellen Welle der Eisenbahn, die gegen Ende des neunzehnten Jahrhundert das Bürgertum zum Fortschrittsträger machte, bauten italienische Fabrikanten, Wiener Industrielle, intellektuelle Juden fast hundert Villen, Schlösser, Sommerlusthäuser. Um Neunzehnhundert traf sich hier die Kultur- und Geisteselite Europas zum Baden, Philosophieren und Dinieren – über Europas Sprach- und Klassenschranken hinweg. Selfness-Kultur vor hundert Jahren. Wien am Meer.
Oben auf dem Berg, mit gewaltigem Blick über die Kwarner Bucht, hatten wir ein Abendessen unter einem Granatapfelbaum. Vor uns lagen die langgestreckten Felsmassive der istrischen Inseln. Fast konnte man Venedig sehen, den Bogen der nördlichen Adria. Zum Abschluss gab es Strudel mit Honig und Brombeeren, wahlweise mit köstlichen Steinpilzen.
»Strudel«, sagte der Gastgeber, »das ist das Prinzip Mitteleuropas.«
»Wie bitte?«
»Überall, wo man Strudel kennt, gibt es einen bestimmten Code. Eine historische Erinnerung. Eine zähe Flexibilität, die auch schwere Zeiten überdauern kann. Strudel

ist wie das Labyrinth. Man kann sich in ihm verirren. Aber gerade deshalb kommt man weiter. Er wickelt alles ein, verbirgt, aber offenbart auch. Man kann in schlechten Zeiten Kartoffeln hineintun. Oder später Trüffel. Man kann tarnen, täuschen. Aber in gewisser Weise ist Strudel trotzdem immer ehrlich.«

»Ach!«

»In Mallorca, wo man immer nur auf der Sonnenseite der Geschichte war, da gibt es keinen Strudel. Denk mal drüber nach!«, schloss Martinko leise lächelnd.

Man kann Ideen auf Dauer nicht umbringen

Bis vor wenigen Monaten galt Politik in den deutschsprachigen Ländern als eine Variante der Verwaltungs- und Repräsentanzwissenschaft. Nun galoppiert plötzlich der Reformgaul wild über die Landschaft.
Der Parteitag der deutschen Sozialdemokraten hat beschlossen, was bislang für Sozialdemokraten unvorstellbar war.
In Österreich warnt sogar der Bundespräsident vor einem »übertriebenen Reformtempo, das der Bevölkerung nicht mehr zu vermitteln ist«.
Wo geht das alles hin?
Vor Jahren erfand Tony Blair mit seinen Beratern den »Dritten Weg«. Darin war vieles formuliert, was heute auf den Werkbänken der neuen Politik liegt: Ein Sozialsystem, das Schwache nicht nur alimentiert, sondern auch fordert und fördert (»Mitleid mit starken Schultern«). Eine Umverteilungspolitik, die primär Eigenverantwortung aktiviert. Eine marktwirtschaftliche Rationalisierung des Staates und der staatlichen Institutionen wie Post, Bahn, Gesundheitswesen etc.
In Österreich und Deutschland war das Urteil schnell gefällt: Neoliberalismus! Sozialverrat! Aber man kann Ideen auf Dauer nicht umbringen, auch wenn man sie bequem ideologisch niederkartätscht.
Der dänische Soziologe Gosta Esping-Andersen gilt heute als kommender Guru des »Vierten Weges«. Esping-Andersen analysiert die europäischen Wohl-

fahrtsgesellschaften unter einem neuen Blickwinkel. Er spricht von den »Wohlstandskartellen«, vom »Sozialstaatskonservatisismus« der Österreicher und Deutschen, der nicht Gerechtigkeit, sondern nur Stagnation bringt. Er entwirft eine »Modernisierungspolitik der dynamischen Lebenswelten«. Er sagt zum Beispiel: »Gute Pensionspolitik beginnt mit Babys!« Um die Geburtenrate zu erhöhen, muss man Europas hoch gebildete Frauen konsequent »empowern« – mit neuer Zeitpolitik und Ganztagsschulen weibliche Karrieren auch mit Familie möglich machen. Wir können uns in der Wissensökonomie gar nicht leisten, Millionen von gebildeten und talentierten Frauen einfach aus den produktiven Sektoren auszusondern!

Erst mit einem solchen neuen, frischen Denken kommen wir an die Kernfragen jeder Zukunftspolitik heran. Esping-Andersens Ideen fügen endlich zusammen, was in der modernen Gesellschaft zusammengehört, was aber im politischen Diskurs immer gegeneinander ausgespielt wird:

Steigerung von Mobilität UND Stärkung traditioneller Netzwerke. Selbstverwirklichungsindividualität UND soziale Verantwortung.

Bildung UND Ökonomie.

Chancengleichheit UND Wettbewerbsdynamik.

Er plädiert *eben nicht* für einen Rückzug des Staates, sondern für eine effektive, offensive, am Bürger orientierte Bürokratie, wie sie vielleicht am ehesten in Skandinavien zu finden ist. Sein Ansatz ist (neo-)liberal, konservativ, sozial und progressiv in einem. Überall dort, wo Volksparteien – ob aus konservativer oder linker Tradition – heute erfolgreich sind, haben sie sich auf ein solches post-traditionales Denken eingelassen. Damit ent-

steht endlich ein echter politischer Wettbewerb der Ideen, in der das alte, langweilige Links-Rechts-Lager-Spiel überwunden wird.
Die Alternative zu einem solchen neuen Denken ist das regressive Neoliberalismusgeschrei einerseits, der Populismus des »kleinen Mannes« andererseits. Aber das ist ja das Schöne:
In der Bürgergesellschaft der Zukunft können wir uns von den »kleinen Männern« (und den kleinen Frauen) endlich, endlich verabschieden.

Die Webkultur der Österreicher

Dass Österreich in der Spitzenliga der europäischen Internet-Anschlüsse pro Bevölkerung liegt, darauf ist dieses Land zu Recht sehr stolz. Über fünfzig Prozent der österreichischen Haushalte verfügen heute über einen Internet-Zugang, davon fast die Hälfte mit »high speed«. Und deshalb liest man immer wieder, auf Kongressen, in Politikerreden, in Broschüren und Pressemitteilungen von der »Cybernation Österreich« oder der »herausragenden Webkultur der Österreicher«.
Wie aber sieht der alltägliche Zugang zu den neuen Medien in der Realität aus? Seien wir realistisch: Die überwiegende Anzahl der Netzzugänge wird im Büro genutzt oder nach dem konservativen Motto: Mir ist es zu mühsam, immer einen aktuellen Fahrplan der ÖBB zu bestellen. In unserem unmittelbaren Eltern-Umkreis herrscht nach wie vor ein Medienverständnis aus dem vergangenen Jahrhundert. Digitale Medien werden als Übel gesehen, als störendes Geräusch, das man den Kindern so lange wie möglich vom Hals halten muss. Kombiniert ist das ganze oft mit einer kulturpessimistischen Ideologie, nach der der Kapitalismus und die Hollywood-Unterhaltungsindustrie unsere Kinder vom Klavierspielen und vom Lesen guter, weil ewig gültiger Bücher abhalten. Die Devise lautet »Nur nichts Digitales, das Echte muss es sein!«. »Geh ein Buch lesen!« ist die häufigste Ermahnung in den bildungsbürgerlichen Haushalten, in denen selbstredend die Erwachsenen

drei Stunden täglich ferngesehen. Ein aussichtsloser Kampf, der aber in der Schule noch hoffnungsloser fortgesetzt wird, wo Computer und seine multimedialen Anwendungen immer noch eine marginale Rolle spielen.

Wir versuchen in unserer Familie andere Wege. Meine beiden Söhne, acht und zwölf Uhr, sind wie alle Buben in diesem Alter begeisterte Computernarren. Auch bei uns werden Zeiten eingeschränkt und Grenzen vor dem Bildschirm gesetzt. Der Unterschied ist nur, dass meine Frau und ich unsere Apples lieben wie Haustiere – wir sind »heavy user«. Und dass ich MIT meinen Kindern Computerspiele spiele. Fanatisch, andauernd, immer wieder. Deshalb kann ich qualifiziert mitreden und deshalb weiß ich, dass Computerspiele heute keine stupiden Ballerspiele mehr sind (wenn man sie ein wenig auswählt), sondern hochkomplexe Weltsimulationen, die das Denken in Zusammenhängen, die räumliche und geografische Orientierung, die geistige Schnelligkeit und das Weltwissen auf eine Weise trainieren, wie die alten, linear-analogen Medien es niemals konnten.

Gewiss hat jedes Medium ein Suchtpotential (Ich zum Beispiel habe in meiner Jugend viel zu viele Karl-May Bücher gelesen, was mir durchaus weltanschaulich geschadet hat). Mit Sucht lernt man jedoch nicht umzugehen, indem man ihre Auslöser vermeidet.

»Wer seine Kinder vor den neuen Medien durch Prohibition schützen will, macht sie zu ihren Opfern.« Dieses kluge Zitat stammt von dem Kommunikationstheoretiker Norbert Bolz.

In unserer Familie wird heute viel digitalisiert, gegoogelt, aber auch gelesen. Und bisweilen sogar musiziert. Die Kids können rasend schnell auf Tastaturen schreiben –

zweisprachig, denn Englisch ist im Netz Pflicht. Fernsehen ist ihnen inzwischen einfach zu langweilig, denn es »antwortet« nicht.

Deshalb kann ich nur empfehlen: Eltern, Kinder, Großmütter, hinein ins Netz! Nichts gegen Klavierspielen, nichts gegen gute Bücher. Aber Age of Empires, Sim City oder World of Warcraft sind das Größte, wenn man die Zukunft erobern will!

Der verborgene Pferdefuss der österreichischen Gesellschaft

Während die Deutschen Angst vor so ziemlich allem haben, was ihnen die Medien einbläuen – Atomkraft, Waldsterben, Neoliberalismus, je nach Tageslage –, kennen die Österreicher vor allem EINE Zukunftsangst. Das sagen jedenfalls die Umfragen:

In einem Land mit gerade einmal sechs Prozent Arbeitslosigkeit fürchten sich zwei Drittel der Bevölkerung vor der Geißel des Jobverlustes.

Aus der gestrengen Sicht der Trend- und Zukunftsforschung muss ich leider formulieren: Diese Angst ist berechtigt. Auch ich bin der Meinung, dass die Österreicher zwar nicht alles anders, aber vieles besser machen. Dennoch hat die österreichische Gesellschaft einen verborgenen Pferdefuss. Dieser hört auf den gemeinen Namen »mangelndes Bildungspotential der Gesamtbevölkerung«.

Gewiss doch. Wiens Universitäten boomen. Die österreichischen Fachhochschulen sind gut unterwegs. In der Hauptstadt Wien gibt es ein bilinguales Stadtschulprogramm, das eines der Motive meiner Familie war, von Deutschland nach Wien zu ziehen. Aber unter dem Strich sehen die Trendzahlen der Bildungsniveaus eher schlimm aus.

Zwar machen 36 Prozent der jungen Österreicher inzwischen die Matura, aber in Finnland sind es 85 Prozent, in Kanada gar sechzig Prozent, in Frankreich und Irland

und vielen anderen Wohlstandsländern um die fünfzig Prozent.
Zwar studieren immerhin noch 23 Prozent der Jüngeren, aber viele Studenten schließen nicht ab. Oder wenn, dann erst im Frühpensionsstadium. Nur neun Prozent der GESAMTbevölkerung in Österreich haben einen tertiären Bildungsabschluss – das ist in Europa Schlusslichtposition. In Neuseeland ist es jeder Dritte, dort machen bei den 25-bis 34-Jährigen bereits siebzig Prozent einen höheren Abschluss.
Woran das liegt, hat vielfältige Gründe. Da ist einerseits die Tradition des Ständestaats, der Hochbildung als Klasseninsignium für Wenige betrachtet. Da ist anderseits der überstarke staatliche Sektor und eine alte sozialistische Tradition, die Bevölkerung flächendeckend zu soliden Handwerkern oder Facharbeitern auszubilden. Komplementär ein konservatives Menschenbild, nach dem der Mensch »zu seinem Glücke nicht allso g'scheit sein muss«. Besonders nicht die Frauen. Aus all diesen Gründen ist das österreichische Bildungssystem fest auf frühe Selektion, Frontalunterricht und Stress erzeugende Halbtagsschulen gebaut.
Nun höre ich fast den empörten Leser rufen: »Ein ordentlicher Beruf zählt allemal mehr als akademische Arbeitslosigkeit!« Aber es ist nun einmal so: Hochgebildete weisen in ALLEN OECD-Ländern eine weitaus geringere Erwerbslosigkeit auf als minder Gebildete. Und es geht nicht so sehr um mehr Abschlüsse oder »Akademiker«, sondern um einen erweiterten Bildungsbegriff, in dessen Zentrum ein Menschenbild der Offenheit, der Selbstentwicklung und Selbstveränderung steht.
Bildung bestimmt auch andere Parameter: die Gesundheit zum Beispiel, die Lebenserwartung. Vor allem aber

verändert die stetige Erhöhung der Bildungspotentiale die gesellschaftliche Stimmung. Wer (in einem neuen Sinn) gebildet ist, sieht optimistischer in die Zukunft. Die Alternative dazu ist Ausländerfeindlichkeit, Angstkultur und jenes unterschwellige Greinen und Granteln, das nicht unbedingt zu den positiven Exportschlagern Österreichs gehört.

Sommer im Waldviertel

Vor zehn Jahren erwarb meine Familie im Waldviertel, eng an der tschechischen Grenze, eine Ferienwohnung. Seitdem üben wir dort jedes Jahr, was die örtlichen Prospekte inzwischen selbstbewusst als regionstypischen Retrotrend versprechen: Sommerfrische.
Als wir hier ankamen, war dies ein düsteres Land. Die Reihendörfer der böhmischen Ebene duckten sich stumm an den Granit, und die Menschen blieben auch tagsüber in den Häusern. Auf beiden Seiten der Grenzen standen riesige schwarze Denkmäler, auf denen Tote aufgerechnet und Dörfer zurückgefordert wurden. Beim Grenzübertritt hatte man das Gefühl: Weder das *ethnic cleansing* des Kriegsendes noch der Kalte Krieg sind wirklich vorbei. Was wir vorfanden, war ein von Subventionen erschöpftes Zonenrandgebiet, mit vielen Steinen im Acker und Ressentiments in den Köpfen. Als Haider Aufwind hatte, verstärkte sich diese Bunker-Blasmusik-Stimmung noch.
Zehn Jahre später hat sich unglaublich viel geändert. Im örtlichen Gasthof genießt man Jazz oder irische Folklore, und auf den regionalen Speisekarten finden sich vegetarische Gerichte und richtig gute Weine. Klöster bieten Auseinandersetzungen mit europäischer Geschichte, in denen auch (selbst)kritische Töne zu hören sind. Im Wald begegnet man Bäuerinnen beim *Nordic Walking*, und die örtliche Volkshochschule offeriert Tai-Chi- und Wellness-Kurse für Stressgeplagte.

Gentrification nennt sich dieser Prozess der kulturellen Urbanisierung des Landes. So entsteht AGRICONIA, eine Mischung aus ländlichem Idyll und elektronischer Gegenwart. Eine effektive Landesförderung versorgt inzwischen auch entlegene Weiher mit schnellen Internet-Zugängen. Man kann als agiler Kleinunternehmer nun von hier aus operieren, als Zukunftsforscher Seminare organisieren ... Die Provinz kehrt zurück ins wirtschaftliche Leben.

Langsam wird den Menschen wieder bewusst, dass sie im Herzen eines blühenden Kontinents leben. Nur zweieinhalb Autostunden weiter liegt das leuchtende Prag, derzeit die pulsierendste Großstadt Europas. Auch die Dörfer jenseits der Grenze putzen sich freundlich heraus, kleine Kunstcafés eröffnen, Handwerksläden boomen. In der »Trend-Hauptschule« in Raabs an der Thaya sind derweil die Tschechischkurse voll.

»Vitáme Vás«, Willkommen – steht plötzlich auf den zweisprachigen Fremdenprospekten im idyllischen Städtchen Drosendorf. Just diese Kleinstadt in der Thaya-Schleife zeigt, was moderne Sommerfrische sein könnte. Der Bürgermeister, ein hartnäckig offenherziger Mensch, erwarb in kreativer Voraussicht vor Jahren ein schönes altes Zirkusensemble – Zelt und Holzwagen sind wie im Bilderbuch. Seitdem lernen unsere Kinder dort jeden Sommer Balancieren und Jonglieren samt Präsentieren der Zirkuskünste vor Publikum. Gegen diese zukunftsweisende Idee opponiert jedoch seit Jahr und Tag eine »Bürgerinitiative«. Per Beschwerdefax, opportunistischer Lokalpresse und schlechter Laune reklamiert sie Kinder und Kultur als Lärmbelästigung. Hauptakteure dieser Ruhestifter sind Frühpensionäre

aus Wien, die hier ihre Zweitwohnungen gekauft und nun – verdammt noch mal! – ihre Ruhe haben wollen.
Zukunft passiert. So oder so. Aber manchmal tut sie sich schwer.
Und man kann sie leider auch verspielen.

Nur gesäuberte Wunden können heilen

Wenn wir die Zeichen der Zeit richtig deuten, dann drängelt die weltweite Gesellschaft möglichst schnell zurück in die gesellschaftliche Vergangenheit. In Amerika wird in einigen Bundesländern die biblische Schöpfung gelehrt und die Abtreibung verboten. In Deutschlands Feuilletons tönt es von der Wiederkehr des Bürgertums, als wäre durch Manieren die Nation zu retten. Frankreichs Stundenten machen, wie erwähnt, eine wilde Revolte, um ihre Privilegien zu erhalten. Fidel Castros Schrottsozialismus erlebt derzeit eine Renaissance auf dem südamerikanischen Kontinent. Die SPÖ möchte am liebsten Kreisky klonen und den Facharbeiter dazu, in möglichst großer Auflage. Und die FPÖ ... ach lassen wir's. Rückwärtsparolen sind schon seit ein paar Jahren sehr beliebt. Und zwar in einer Einheitsfront von Globalisierungsgegnern bis Burschenschaftlern.
Es gibt aber auch eine andere, eine Zukunftsevolution der Politik. Um diese zu orten, muss man ein wenig genauer hinhören.
In Chile ist vor einiger Zeit Michelle Bachelét an die Macht gekommen. Eine kluge Frau, die viele eine »Linke« nennen. Aber ist sie das? Sie ist eine Frau, sie hat Herz und Verstand, und sie sagt Sätze wie »Nur gesäuberte Wunden können heilen«. Und sie bietet ihrem Land eine nationale Versöhnung an, einen Neuanfang jenseits des Hasses.
In den Niederlanden entwickelt sich gerade ein neuer

Konsens, in dem die Errungenschaften der freien Gesellschaft – zum Beispiel die Toleranz gegenüber Schwule und Individualität – als Grundelement eines neuen zivilbürgerlichen Verständnisses von Gesellschaft fungieren. Der englische Tory-Kandidat David Cameron plädierte in einem Interview FÜR Immigration. »Wir brauchen Immigration für eine vitale Wirtschaft«, sagte er, »Ohne Immigration wären wir nicht, was wir sind, sie tut uns gut, auch weil sie uns herausfordert!«

Wann werden wir solche Sätze von einem österreichischen Politiker hören?

Ségolène Royal, die gute Chancen hat, nächste französische Präsidentin zu werden, setzt sich fröhlich über die Dogmatismen ihrer sozialistischen Partei hinweg. Sie glaubt nicht daran, dass sich Sozialstaat und Eigenverantwortung widersprechen, sie pflegt keine Opferrhetorik, sondern motiviert zu pragmatischen Lösungen in allen Bereichen. Und die Kommentatoren schreiben sich die Finger wund mit Klagen, dass man diese Frau nicht »einordnen« kann.

Romano Prodi, Leonid Juschtschenko, zum Teil auch Angela Merkel: Was zeichnet alle diese Politiker aus?

Dass sie mutig polarisierende Kommunikation verweigern, dass sie nicht die Hüter der wahren Lehre, sondern Suchende sind und das auch offen formulieren. »Lasst uns gemeinsam nach neuen Wegen in die Zukunft suchen«, so ihr Credo, ihre politische Lebenseinstellung.

Lange schon ist der alte Links-Rechts-Widerspruch zerstört. Früher agierten und argumentierten Linke international, technologisch fortschrittlich und kulturell progressiv. Heute sind sie zumeist Nationalisten, technologische Angsthasen und kulturell eher dem guten

alten zwanzigsten Jahrhundert verpflichtet. Die Konservativen bleiben hingegen gespalten; einige von ihnen predigen lineare Marktradikalität, andere hängen an überholten Kulturbildern, die mit der Lebenswelt des einundzwanzigsten Jahrhunderts nichts mehr zu tun haben.
Wäre es da nicht an der Zeit für etwas erfrischend Neues?
Und für die Überwindung der Lagerreflexe, jener inneren Zählmaschine, die uns Politik nur in binären Codes wahrnehmen lässt?

Kriegsgewinnler Österreich

Am Besten haben es die Schweizer hinbekommen. Mit jeder Turbulenz, mit jedem Schuss, der auf diesem Planeten abgegeben wird, fließt fast automatisch Geld in die Züricher Bahnhofsstraße. Stürzende Diktatoren neigen zum Nummernkonto, das in allen bilateralen Verhandlungen eisern verteidigt wird. Das hat den Schweizern zwar ein internationales Imageproblem eingetragen (sie gelten als Absahner), aber sie leben ganz gut damit. Was können sie auch dafür, dass sich die Menschheit immer wieder die Köpfe einschlägt?
Auch Österreich profitiert derzeit nicht eben wenig von den internationalen Turbulenzen. Aus den diplomatischen Verwerfungen rund um den Irakkrieg konnte sich das Land heraushalten.
Nun boomt der Tourismus, die österreichische Kernbranche, weil die Menschen nicht mehr gerne fliegen.
Back to the Eighties: Vorbei die Zeiten, als die Wirte in Tirol, Kärnten, Steiermark vergeblich auf die Deutschen warteten. Die kehren, nebst den Holländern, in Scharen zurück. Und zahlen wieder gerne 10 Euro 50 Cent für den mürrisch im Dialekt servierten Germknödel und ein knarrendes Bett in der Pension »Liesel«.
In Deutschland hatten wir auch schon einmal eine solche Kriegsgewinnler-Situation. Als 1998 die Mauer fiel, standen plötzlich alle Tore offen. Nach dem Ende des Kalten Krieges bekamen wir plötzlich einen gigantischen Markt im Osten auf dem Präsentierteller serviert. Die

Euphorie verdeckte die Strukturschwächen der damals schon veralteten Wirtschaft. Die schlechten Gebrauchtautos wurden an die Ossis verkauft. Pornoläden eröffneten reihenweise in Cottbus und Leipzig. Reformen? Wozu denn? Sechzehn Millionen konsumgeile Ex-DDR-Bürger bescherten eine goldene Sonderkonjunktur.
Für diese Illusion, es könnte eigentlich alles beim Alten bleiben, zahlen wir Deutschen heute gewaltig – womöglich mit dem Preis einer längeren wirtschaftlichen Agonie.
Und Österreich, abhängig von der deutschen Konjunktur, könnte in der nächsten Phase doppelt zahlen.
Wenn sich die Touristen wieder auf den Weg in die weite Welt machen, dorthin wo es warm und servicefreundlich(er) ist.
Wenn klar wird, dass die Rückkehr des alten Sommerfrische-Massentourismus nur eine Welle war, die an den Megatrends des Tourismus nichts ändert.
Wofür ist Österreich international bekannt? Für Berge (Schifahren), Walzer (Wien) und Haider. Das ist zwar eine klare Standortbeschreibung, aber sie birgt auch Risiken. Vor allem ist sie ein Zerrbild. Österreich hat ganz andere Potentiale.
Bis weit in die dreißiger Jahre des vergangenen Jahrhunderts war Wien das New York Europas. Von österreichischem Boden gingen geistesgeschichtliche und naturwissenschaftliche Revolutionen aus. So ziemlich alle genialen Durchbrüche, von der Mathematik über die Physik bis zu Kunst und Psychoanalyse, haben hier ihre Wurzeln. Kaum ein Nobelpreisträger ohne Österreich-Connection. Kaum eine Grundidee der Moderne, in dem das jüdisch-polyglotte Milieu Wiens keine Rolle spielte.

Eigentlich sind die Zeiten für Österreichs Zukunftspositionierung besser denn je. Im neuen Europa, das sich trotz, vielleicht sogar WEGEN aller gegenwärtiger Turbulenzen bildet, könnte es die Rolle des Spielmachers übernehmen.
Österreich als »das neue Herz Europas«.
Auferstanden aus Ruinen, aber der Zukunft zugewandt.
Mehrsprachig. Hochgebildet. Offen. Kulturell.
Gerade gegen den alten, müden Riesen Deutschland ließe sich hier punkten.

Adieu, Querdenken

Neulich war ich auf einem Podium eingeladen, auf dem es um Heimat, Islamismus, Werteverfall, Neoliberalismus oder so ging. Vorgestellt wurde ich als »einflussreicher Querdenker«, was mir etwa eine Millisekunde schmeichelte, bevor alle Mitdiskutanten ebenfalls so tituliert wurden. Die Diskussion verlief eher wirr und eitel.

Einen Tag später ging ich ins Theater. Ich habe den Namen des Stücks vergessen, irgendetwas mit »Auschwitz« oder »aus-schwitzen« (klein geschrieben), jedenfalls wurde auf der Bühne vier Stunden wacker gestöhnt, geweint, gehackt, geblutet und Marschmusik geblasen. Es ging darum, dass irgendwie alles Vernichtungszusammenhang ist: Männer, Frauen, Kapital, Tsunami, Imperialismus, Konsum. Muppet-Figuren hatten Sprengstoffgürtel umgebunden und George W. Bush hing gekreuzigt über Strömen von Blut. Die Zeitungen schrieben enthusiastisch vom Querdenkerstück und verliehen den Nobelpreis.

Querdenken.

Ein Wort wie ein Baum.

Wider der Konsensmeinung der Mehrheitskultur eine eigene Haltung durchsetzen – welch ehrenwerte Aufgabe, der sich ganze Generationen von Intellektuellen und Rebellen verschrieben haben! Querdenken als kulturelles Leitmotiv bedingt allerdings eine dominante Mehrheitskultur, in der das Abweichende noch ein denkerisches Abenteuer und ein persönliches Risiko darstellt.

Was aber, wenn der gesellschaftliche Konsens inzwischen aus kollektiven DAGEGENSEIN bestünde?

In seinem Buch *Where have all the intellectuals gone?* analysiert der amerikanische Publizist Frank Furedi den Wandel der westlichen intellektuellen Traditionen. Er huldigt den Denkikonen früherer Zeiten – Hanna Ahrendt, Bertrand Russel, Susan Sonntag –, alles Menschen, die um Erkenntnis rangen, sich öffentlicher Kritik aussetzten, ohne daraus eine Attitüde zu machen.

Heute, in der medialen Trashkultur, so Furedi, werden Positionen nur noch in ihrem medialen Reizwert gemessen. Der Diskurs der Meinungen wird zum Kabuki-Theater, in der nur noch Gesinnungskärtchen hochgehalten werden. Nun hat auch noch die FPÖ »Querdenker«, die uns rassistisches Dröhnen aus dem neunzehnten Jahrhundert als chices Rebellentum verkaufen.

Wie wäre es mit kühlem, aufgeklärten VORAUSAUSDENKEN?

Die Globalisierung bringt Abermillionen von Menschen den Wohlstand – lasst sie uns feiern und in dieser Richtung moderieren. Technologie, auch Gentechnologie, kann gestaltet werden. Die Alterung ist eine gewaltige Erweiterung der Lebenschancen. In der globalen Wissensgesellschaft können wir Sozialstaat und Bildungswesen umformen, dafür gibt es eine Menge gelungener Beispiele in aller Welt.

Versuchen Sie einmal, damit in eine Talkshow zu kommen.

Wie bewaffnet muss die Demokratie sein, um Völkermord und Terror in einer globalen Welt zu verhindern?

Ist Armut wirklich Resultat einer Verschwörung von »uns« Reichen?
Doch spätestens, wenn man anfängt, Fragen außerhalb des der kritischen Konformität zu stellen, ist »Schluss mit lustig«.

Ökonomie von unten als Rezept

Letzten Sommer übernachtete ich im Zuge meines Urlaubs für zwei Tage in einem Bed and Breakfast-Logis an der englischen Kanalküste. Es war ein altes Manor-House mit einem verwunschenen Obstgarten samt Hühnern, gepflegtem Rasen und wuchernden Rosmarinhecken. In diesem Rosamunde-Pilcher-Ambiente wohnte ein pensionierter Opernsänger mit seiner Frau, der bis vor wenigen Jahren auf den Bühnen Europas tragende Rollen gesungen hatte. Er erwies sich als überaus freundlicher und mehrsprachiger Gastgeber, der in mehreren europäischen Hauptstädten heimisch war, einschließlich der entsprechenden lokalen Dialekte (»Grüssen Sie mir das schöne Wien!«, was ich hiermit tue!).

Uns Kontinentaleuropäern ist die Institution des »Bed and Breakfast« nur schwer zu erklären. Man wohnt, als Fremder, mitten in der Familie und bekommt morgens seinen Tee und sein Ei direkt von den Hausherren serviert. Über dem Bett hängen private Familienfotos (immer drei Kinder, immer in Schuluniform und mit Hund), das Bad ist auf dem Flur, das Geld gibt es auf die Hand.

In Österreich würde derlei von den Gewerbeämtern sofort untersagt (»Wo befinden sich Notausgänge? Wie sind die hygienischen Standards in der Küche? Werden die Arbeitszeiten des Personals eingehalten?«). Aber gerade darum ist Bed and Breakfast womöglich der

Schlüssel zu einem anderen soziokulturellen Verständnis von Zeit, Ökonomie und Zukunft.
Briten sind Menschen mit einem großen Sinn fürs Privatleben. Aber gerade deshalb lassen sie gerne Fremde in ihr Haus und geben ihnen auch gleich den Hausschlüssel mit. Genau diese Mischung hat »das Britische« zur Leitkultur des Planeten gemacht.
Höflichkeit, gepaart mit Offenheit. Menschenfreundlichkeit, plus die Gelassenheit eines Landlebens, das zutiefst urban geprägt ist.
In England ist nichts perfekt. Statt glitzernder High-Tech-Mischamaturen finden sich in britischen Badezimmern immer noch gnadenlose *Low-Tech*-Geräte: ein Wasserhahn für kalt, einer für heiß, Fingerverbrennen garantiert. Englische Türen schließen, wenn überhaupt, mit einem primitiven Drehverschluss. Fensterrahmen von Läden und Pubs werden hundertmal überstrichen statt gegen ökodynamische Dreifachfenster getauscht.
Gerade WEIL alles so BASIC ist, kann sich eine Mikroökonomie entfalten, zu der der Einzelne leichter Zugang findet. Alles ist viel weniger reguliert, lobbysiert, ins Stahlbad bürokratischer Regeln getaucht. Seine Rente kann man mit kleinen Jobs aufbessern, das Häuschen mit den Frühstücksgästen ko-finanzieren. So bildet sich Vertrauen in einen selbstverantworteten Wohlstand. Ökonomie ist in England eine Ökonomie »von unten«, kein »kalter Kapitalismus«, kein »System«.
Auch in Sachen Terrorismus erweisen sich diese Gelassenheiten zurzeit als Platzvorteil. Anders als hierzulande neigt man nicht dazu, den Verlust eigener Privilegien als Weltuntergang zu interpretieren. Man glaubt weder, dass die Welt morgen untergeht, noch dass eine Krise gleich das Ende der Zivilisation bedeutet. Schließlich hat

man den deutschen »Blitz« überlebt und den Verlust eines großen Kolonialreichs.

Schöner Scheitern heißt die Devise.

In England regnet es immer wieder. Aber das liegt, wie der Engländer weiß, nicht am »Global Warming«, sondern am Wetter. Und wie sagte Churchill so schön über die Deutschen (wobei er die Österreicher freundlich miteinschloss)?

»They just can't go gardening!«

Jamaika-Politik als Win-Win-Spiel

Neulich traf ich bei einem Vortrag den Bürgermeister einer kleineren österreichischen Stadt, der keiner Partei angehörte. Er regierte mit den Stimmen einer freien Wählergemeinschaft, mit der er in seiner Gemeinde satte sechzig Prozent holte.

»Wir haben ein einfaches Rezept«, sagte er. »Wir mischen die Kandidaten. Immer abwechselnd Männer und Frauen, Zugezogene und Einheimische, Alte und Junge. Solide, bürgerliche Leute, dazwischen immer mal ein Exot, ein Hippie oder Esoteriker. Damit mischen wir die Gemeinde ganz schon auf – und treffen vernünftige Entscheidungen.«

»Und die politische Linie? Die Weltanschauung. Sind Sie konservativ? Links?«

»Ach«, antwortete da der Bürgermeister. »Was soll das schon heißen? In einer Gemeinde, die schrumpft, altert und Verkehrsprobleme hat, kann man eigentlich nur grundvernünftige Entscheidungen treffen.«

In der globalen Welt leiden auch unsere Nationalstaaten vor allem unter Schrumpfung, Alterung und – in jeder Hinsicht – Verkehrsproblemen. Und deshalb wäre die einzig vernünftige Politik ökologisch, bewahrend plus wirtschaftlich effektiv. Denkt man an Deutschland, dann heißt das: Schwarzgelbgrün. Jamaika also. Die Koalition, über die in Deutschland wie um des Teufels Seele gerungen wurde, ist in Wirklichkeit die Zukunftskoalition an sich.

Ohne das liberale Element, ohne Bürgerrechte, Toleranz, das alte Erbe des liberalen Humanismus, geht es nicht. Ebenso wenig ohne wirtschaftsliberale Dynamik, die allein ein – allerdings effektiveres – Sozialsystem finanzieren kann. Das konservative Element soll in globalen Markträumen alte soziale Biotope bewahren, indem es sie neu erfindet – die Zivilgesellschaft, die Familie. Und das Grüne brauchen wir als kreative Herausforderung und weil gegen den Planeten nicht zu regieren ist.

Warum eigentlich, zum Teufel, werden uns diese logisch zusammenpassenden Teile des Zukunftspuzzles als totale Widersprüche verkauft? Anderswo geht es doch auch:

In Skandinavien wurden hierzulande als »neoliberal« verteufelte Reformen mit staatlichen Offensiven, zum Beispiel in der Bildung, zu einem sinnvollen Ganzen verbunden. Mindestlohn und Wegfall des Kündigungsschutzes schließen sich nicht aus, wie Österreich zeigt. In anderen Ländern gibt es spannendere Parteien und buntere Bündnisse: grünliberale, bürgerradikale. Und genau darum geht es dort auch politisch, mental, sozial voran.

Unsere politische Lagergrammatik ist das schreckliche Relikt eines ideologischen Zeitalters, eines Lagerdenkens, das längst hohl und substanzlos geworden ist. Was wir in Wahlkampfzeiten – wie zuletzt auch in Österreich – erleben, ist kaum mehr als eine Schlammschlacht beleidigter Narzissten, die zudem noch durch uralte Generationskonflikte ödipal angeheizt werden. Die nüchterne Rationalität einer »good governance«, eines pragmatischen Politik- und Staatsverständnisses, fehlt völlig. Das ist geil für die Medien, aber fatal für das Land.

Der Wähler ist ein fieses Schwein. Und ein kluger Hund. Er drückt in seinen Entscheidungen (oder den Verweigerungen von Entscheidungen) aus, dass er die vorhandenen Alternativen nicht als solche ansieht. Er träumt von einer anderen Welt. Eine Welt, in der die alten Antagonismen nicht mehr gelten. Wo sich die alten Fronten und »Weltanschauungen« auflösen. Wo neue Synthesen und Win-Win-Spiele möglich werden.
»Could you be loved«, würde Bob Marley singen.

Für eine Kultur der Anerkennung in unseren Schulen

Im privaten deutsch-englischen Vorschulkindergarten meines damals fünfjährigen Sohnes Julian im 18. Wiener Bezirk herrschte eine erstaunliche Atmosphäre, die mich immer wieder aufs Neue faszinierte. Ruhig, konzentriert und ohne Hektik lernten die Kinder Buchstaben erkennen, Rechnen, aber auch Dinge wie »Sprechen«, »Balance«, »Ausdruck«. Im Mittelpunkt dieses Observatoriums des Lernens stand Miss S., eine resolute Engländerin mit leuchtenden Augen. Sie schaffte es, meinem damals noch etwas unsicheren Sohn innerhalb eines halben Jahres a) Schlittschuhlaufen, b) fast das komplette Alphabet und c) ein gehöriges Maß an Selbstbewusstsein beizubringen.

Wo stehen wir heute in der Bildungsdebatte? Wir streiten uns, ob man zwei Stunden Unterrichtszeit streichen darf. Wir machen uns Gedanken über die Wiedereinführung eines »Kanon der Bildung«. Doch das eigentliche Problem liegt ganz woanders. Es liegt in der Tiefe unseres Menschenbildes. Unser in Franz-Joseph-Zeit geborenes Bildungssystem stammt aus einer Kultur der Abhängigkeit und Disziplinierung. Die überwiegende pädagogische Praxis in unseren Schulen ist durch den Frontalunterricht geprägt, bei dem EIN Lehrer vor eine Gruppe von Schülern tritt, die er unter Androhung von Strafen zum Schweigen auffordern muss (ein zunehmend hoffnungsloses Unterfangen). Bewertet werden in diesem System vor allem *Abweichungen und Fehler.*

Gefördert wird nicht der Einzelne, sondern das System. Herauskommen überdurchschnittlich oft stumme Anpasser oder unsichere Aufschneider.
Wer jemals in einer englischen oder skandinavischen Schule war, weiß, dass es auch ganz anders geht (und er bekommt eine Ahnung davon, warum man hierzulande die Forderung nach »lebenslangem Lernen« eher als Schreckensurteil empfindet). In den Schulen des Wissenszeitalters stehen die Schüler selbst im Zentrum ihres Lernprozesses. Praktiziert wird in kleinen, selbstständigen Gruppen, in denen es um Ausdruck, Darstellung und Selbstbewusstsein geht. In Finnland zum Beispiel sind Lehrer hochbezahlte Wandlungsspezialisten und Schulen Abenteuerlaboratorien – daher haben siebzig Prozent der Schüler inzwischen ein passables Abitur.
Wenn wir unser Bildungssystem reformieren wollen – und dies ist in jeder Politik der Zukunft eine Königsaufgabe, dann brauchen wir zuallererst eine »Kultur der Anerkennung«:
Anerkannt wird, dass der Einzelne, das *Individuum*, kostbare, *spezifische* Fähigkeiten hat, die INDIVIDUELL zu erkennen und zu fördern sind.
Anerkannt wird, dass es keine Meta-Wahrheit gibt, dass Lernen also immer auch ein Akt *gemeinsamer Verständigung* über ein Thema ist.
Anerkannt wird, dass Schüler und auch Lehrer zugleich Lernende sind. »Learning by doing«, bei dem Lehrer von Dompteuren zu Moderatoren werden können.
»Die Zukunft verlangt nicht Millionen von Menschen, die bereit sind, monoton-mechanische Tätigkeiten auszuführen, sondern solche, die in der Lage sind, ihren Weg in einer neuartigen Umwelt zu finden.« Dieses Zitat des Zukunftsforschers Alvin Toffler stammt aus den

achtziger Jahren. Ähnliches formulierte Miss S., die Heldin des Neuen Lernens, in ihrem letzten Weihnachtsbrief an uns Eltern:
»Wir beobachten die Kinder, wie sie ihr Selbstbewusstsein aufbauen und Widerstände überwinden. Wir sind Zeuge, wie jedes Kind seine ganz eigenen Talente, seine Persönlichkeit entwickelt. Wir freuen uns mit ihnen, wenn sie Erfolge erzielen. Es ist eine so große Ehre für uns, Zeuge dieses Prozesses zu sein. Wir sind so stolz auf sie!«
Mehr Zukunft kann nicht sein!

Ist Christoph Schönborn ein Mentor?

Bei Harry Potter, dem geheimen Logbuch unserer Gegenwartskultur, gibt es neben bärtigen Magiern, fiesen Poltergeistern und pubertierenden Zauberlehrlingen die faszinierende Figur des Dementors.
Dementoren sind auf eine geheimnisvolle Weise unsichtbar. Sie haben kein Gesicht, jedenfalls kein WIRKLICHES, versucht man sie anzuschauen, wird man sehenden Blicks in ein schwarzes Loch gesogen, aus dem man ohne Supertinkturen nie mehr herausfindet.
Dementoren sind auf gespenstische Weise aufgeblasen, riesig, immateriell und gleichzeitig verfallen. Ihre einzige gnadenlose Fähigkeit – und ihre Leidenschaft – ist es, den Menschen LEBENSENERGIE abzusaugen, bis diese in ein ewiges Koma fallen.
Bei Begriff des Dementors fällt uns sofort sein Gegenteil ein: der MENTOR. In der Arbeitswelt, in der Politik, im realen Leben benötigen wir Menschen, die uns animieren. Die uns weiterhelfen, indem sie uns herausfordern uns zu entwickeln. Mentoren nehmen uns an die (mentale) Hand und sagen uns: Es gibt ein Morgen, das sich vom Gestern unterscheidet. Wir können klüger werden. Für dieses Morgen lohnt es sich, einzutreten, zu kämpfen, sich Mühe zu geben, etwas zu riskieren. Transformation in höhere Komplexität ist möglich! Gute Mentoren sind selten, aber ihre Arbeit ist das entscheidende Elixier für die Zukunft. Ohne Mentoren – geistige Führer – ist keine soziale, keine kulturelle, keine politische und per-

sönliche Entwicklung möglich. Ohne sie fallen wir in die Regression.
Mentoren und Dementoren sind eine schöne Metapher, um die politischen Kräfte der Gegenwart zu beurteilen. Oskar Lafontaine zum Beispiel gehört zu jenen Untoten, die uns jeden komplexen Gedanken aus dem Hirn saugen, bis wir ermattet herniedersinken. Er raubt uns jede Energie, indem er die Welt in eine binäre Wüste verwandelt, in der es nur noch Schwarz und Weiß gibt. Das internationale böse Finanzkapital gegen die braven Menschen, die unter dem Joch des globalen Neoliberalismus leiden. Die Gutmenschen gegen die Bösewichter in den Konzernzentralen. Das verdammenswerte Ökonomieprinzip gegen den Himmelsstaub der Umverteilung. Unter einem solchen Bannstrahl wird die Welt in eine Opfer-Täter-Konstruktion umgebaut, in der nur noch der Eine auf Kosten des Anderen gewinnen oder verlieren kann. Win-Win-Prozesse, die ja den Kern jedes Fortschrittsprozesses ausmachen, sind so gar nicht mehr denkbar.
Ab und zu schwingen sich die Dementoren zur Weltherrschaft auf, und dann hilft es nur, entschlossen den Zauberstab zu ergreifen und den Kampf aufzunehmen. Das Gute ist, dass man Dementoren im Allgemeinen leicht erkennt, auch wenn sie sich mit feschen Verkleidungen tarnen. Neben ihrem gefrierend-eisigen Kältehauch geben sie nämlich einen bestimmten singenden TON von sich, der nach Eitelkeit und tiefer Unerlöstheit klingt – im Kern eines jeden Dementoren ringt eine gequälte Seele um Erlösung. Schwierig wird die Unterscheidung allerdings bei jenen, die eigentlich keine Dementoren sind, aber mit deren Kräften jonglieren. Christoph Schönborn etwa ist in seinem Wesen zweifel-

los ein Mentor. Seine Interviews sind legendär für ihre elegante Weisheit. Wenn er allerdings mit den Zaubertränken der Evolutionstheorie hantiert, dann besteht die Gefahr, dass ihm reihenweise die Reagenzgläser aus den Händen fallen. Und sich mit jenen giftigen Gebräus vermischen, die im weltweiten Dementorenhandel derzeit auf dem Markt sind.

Die Zukunft gehört der Risikokultur

Dass alles unaufhörlich immer schlechter wird, gehört zwischen Wien und Bregenz inzwischen zum mentalen Festgepäck. Das Repertoire jedes Spaziergangs mit Hund, jedes Dialoges in der Tram, beim Greißler oder Arzt, der Tenor jeder Fernsehdiskussion lautet:
Vorbei! Nein, es wird nicht nur schlecht, es wird grauenhaft! Man kann ja nichts mehr glauben! Wir werden verarmen! Und diese Katastrophen! Und sofort.
Wer jemals wachen Geistes Länder besucht hat, in denen es den Menschen materiell nicht gut geht, die aber gerade deshalb im Zeitpfeil der Hoffnung leben, findet diese Haltung degoutant.
Das Beben im Iran als Beispiel für Situationen, die besondere Charakterstärke benötigen:
Da sterben die Menschen brachial unter Lehmtrümmern wie seit hunderttausend Jahren. Aber innerhalb von 24 Stunden sind Rettungsteams und Hilfsgüter aus 48 Ländern vor Ort. Könnte es nicht sein, dass die Mechanismen des globalen Krisenmanagements langsam zu greifen beginnen, dass totalitäre Regimes sich (auch) auf diesem Wege langsam auflösen?
Aids zum Beispiel.
Diese weltweite Krankheit hat in den späten achtziger Jahren noch Menschheitsuntergangsfantasien erzeugt. Von einer Hatz auf Minderheiten, der totalen Hygiene-Kontroll-Gesellschaft war die Rede. Aber in einer großen, weltweiten Solidaritätsbewegung fasste man sich

an den Händen. Seitdem ist Schwul- und Anderssein plötzlich viel leichter. In vielen Ländern Afrikas, wie Botswana oder Kenia, gehen die Aids-Raten nun zurück (oder stagnieren zumindest), weil eine grundlegende Auseinandersetzung mit zivilisatorischen Regeln und sexueller Moral begonnen hat, die die afrikanischen Gesellschaften zum Positiven verändern wird.

Oder der Klimawandel, dieser große Angst-Gesang der Gegenwart.

Amerikanische Klimaethnologen um den Yale-Professor Harvey Weiss haben gewichtige Belege für die These gefunden, dass die menschliche Kultur aufgrund eines Klimawandels erst entstand. Die Wurzeln der agrarischen Kultur liegen in den Schwemmländern Mesopotamiens. Diese wurden von etwa neuntausend Jahren urbar gemacht, weil eine Kälte- und Trockenperiode die Menschen dazu zwang, sich etwas einfallen zu lassen. Genauso, wie die Zwischeneiszeit des Mittelalters, die Europa Pest und Tod brachte, später aber auch die Mühlentechnik, die Hygiene, die Bautechnik, den Gebrauch und die Herstellung von Lampenöl vorantrieb – und damit die Grundlagen für die technische Zivilisation legte.

Die Geschichte der Welt ist die Geschichte des Wandels in der Herausforderung. Technologie ist nichts anderes als der permanente Versuch, Risiken zu minimieren und humane Optionen zu erweitern. Erst schliff man so lange am Speer, bis der Säbelzahntiger ausstarb (was aus der Sicht des Artenschutzes ein Skandal, aus der Sicht der Neandertaler aber etwas anders zu beurteilen ist). Heute haben Autos Airbags und ABS, und die Todesrate auf den europäischen Staaten ist seit 1970 um den Faktor zehn gesunken.

Ohne Risiken, Gefahren, Katastrophen wäre die Menschheit nicht entstanden. Was im persönlichen Leben gilt – dass eine gemeisterte Transformation Persönlichkeit erst erschafft –, gilt umso mehr im gesellschaftlichen.
Die Zukunft gehört der Risikokultur, die sich ihrer (neuen und alten) Risiken bewusst wird und sie beherzt annimmt.
Oder der Jammerkultur, die im Orkus endet.

So sieht mein Lieblingsstaat aus

Nicht selten rutschen Wahlkämpfe in ideologisches Schlamm-Catchen ab. Je unappetitlicher sich alle mit Gatsch (Schlamm) beschmieren, desto begeisterter sind die Haltungsnoten. Eigentlich ist man ja auch gegen den Kapitalismus, lassen uns dann die Umfragen wissen.
Ist es nicht bizarr, wie schnell sich die alten Reflexe bedienen lassen – »Bonzen«, »globales Kapital«, »unsozial«, »Schmarotzer«, »neoliberal«? Ist es nicht seltsam, wie tief uns die ideologischen Muster des neunzehnten Jahrhunderts in Fleisch und Blut übergegangen sind? Wie leicht wir zu »kleinen Männern« regredieren, wenn einer nur die entsprechende Tonlage anstimmt?
ICH MÖCHTE EINEN STARKEN STAAT.
Einen Staat, der Al-Queida-Terroristen aufspürt und seinen starken (auch militärischen) Anteil dazu trägt, dass Völkermord zunehmend auch in anderen Teilen der Erde unmöglich wird.
ICH MÖCHTE EINEN STAAT, DER SICH RAUSHÄLT.
Aus Betten, Bindungen und Beziehungen, aber auch weitgehend aus der Wirtschaft. Wirtschaft ist, wie das Leben, ein turbulenter Prozess, bei dem es manchmal »unmoralisch« zugehen mag. Aber auf lange Sicht, wie wir von Adam Smith, Popper und noch ein paar anderen klugen Menschen wissen, ist es gerade das scheinbar Unmoralische, das auf Dauer für alle den größten Vorteil bringt. Längst gibt es auch auf diesem Feld Widerspruchsmöglichkeiten. Die Konsumentenmacht, zum

Beispiel, sollten Unternehmen, die global tätig sind und dabei moralische Standards verletzten, nicht unterschätzen.
ICH MÖCHTE EINEN COOLEN STAAT.
Der sich nicht erpressen lässt von der Armee der Lobbys, Verbände und Vereine, die nichts anderes im Sinn haben als durch maximale Larmoyanz meine Steuergelder zu verbrauchen. Mein Lieblingsstaat sollte den Brunnenbauern, Landvermessern, Apothekern, Oberförstern, Hausfrauenverbänden, Hundebesitzern, aber auch den Verwaltern der sozialen Frage deutliche Bedingungen stellen: Seid effektiv. Zeigt, dass ihr was draufhabt. Ändert was, anstatt nur euere Klientel zu verwalten!
ICH MÖCHTE EINEN STAAT MIT BILDUNGS-BISS.
An einem Punkt sollte er völlig kompromisslos »kapitalistisch« sein – dort nämlich, wo das wahre Kapital der Zukunft gebildet wird. Ich will Ganztagsschulen, Leidenschaftsschulen, mehrsprachige Schulen, durchlässige, experimentelle Schulen. Auch der sprachbehinderte Sohn des Nachbarn soll eine erstklassige Chance haben. Dafür zahle ich, wenn's sein muss, mehr Steuern (je nach Qualität des Angebots).
ICH MÖCHTE EINEN MODERNEN STAAT.
Der seinen Bürgern Selbständigkeit zutraut. Der sich um die, die sich WIRKLICH nicht selbst zu helfen wissen, hartnäckig kümmert. Der benchmarkfähige Serviceagenturen unterhält, in denen der Bürger umworbener Kunde ist ...
Für den alten grunzenden Ideologen in uns ist das natürlich wieder der »neoliberale Staat der sozialen Kälte«. Für den Zukunftswähler ist es die einzig mögliche Realpolitik, die auf die Bedingungen der Zukunft reagiert (erfolgreiche Frauen, Globalisierung, Wissensökono-

mie). Dafür gibt es in unserer tradierten Parteienlandschaft (noch) kein reelles Angebot, allenfalls Versatzstücke. Aber in vielen anderen europäischen Ländern, zum Beispiel in Skandinavien oder in Good Old Britain, ist der alte Links-Rechts-Quatsch weitgehend überwunden. »Der Dritte Weg«, die Politik der dynamischen Mitte, ist tausendmal schon ideologisch niedergeschrieben worden – und ist doch mehrheitsfähig. Das lässt hoffen. Denn wie es endet, wenn man einen Staat konsequent auf kleinen Männern aufbaut, das haben wir vor sechzig Jahren gesehen.

Den depressiven Knoten sprengen

»Was ist nur mit Deutschland los?,« fragen mich meine österreichischen Freunde und schütteln bedenklich den Kopf. Sie haben ja recht: Was dort aus nordöstlicher Richtung zu vernehmen ist an politischen Geräuschen, Befindlichkeiten, kollektiven Gefühlslagen, ist beängstigend. Es sind vor allem die Gesichtsausdrücke, die uns Sorgen machen sollten. Es ist der TONFALL der Gespräche im Alltag, am Tresen, in den U-Bahnen, in den Talkshows. Man bestätigt sich gegenseitig den Niedergang. Man schüttelt sich wortreich die Hand zur Resignation. Charlotte Wiedemann, eine Korrespondentin der *Süddeutschen Zeitung*, ist vor einiger Zeit aus dem zukunftsschwangeren Asien nach Deutschland zurückgekehrt. Sie hat in fast poetischen Worten diesen Populismus des Negativen beschrieben:

> *»Unglaublich vieles wird gedacht, geschrieben, über Gedachtes berichtet, Geschriebenes verrissen, Verrissenes gelesen. Zweifellos ist das Gesumme eine Errungenschaft; was hier summt, ist Kultur, Demokratie, Vielstimmigkeit. Aber es handelt noch von etwas anderem: vom Alter. ZUKUNFT ist in Deutschland eine Bedrohung, ein schwarzes Loch. Heute, das ist wie ein Felsvorsprung über dem Abgrund. Das Beste liegt hinter uns, unwiederbringlich.«*

Immerhin: Er gibt seit einigen Monaten in Deutschland eine Reformbereitschaft, wie wir sie vielleicht seit vierzig Jahren nicht mehr erlebt haben, seit den Aufbrüchen

der Willy-Brandt-Ära. Darf ich – als Gast in diesem Lande – sagen, das die deutsche politische Debatte deutlich weniger boulevardesk skandalisiert ist als in Österreich? Es gibt heute – eine Sensation! – eine strukturelle Mehrheit für einen Wandel, der mehr ist als hier ein paar Steuern weniger und dort ein paar Umverteilungen mehr. Sogar in der Bevölkerung!
Mit den Deutschen ist los, was auch mit den Österreichern los ist: Die Kontrakte der industriellen Gesellschaft zerbrechen. Wir befinden uns in einem Transitionsprozess, den wir weitgehend als *Drift* wahrnehmen, als haltloses Gleiten in Unsicherheit. Wir haben (noch) keine Sprache dafür. Deshalb codieren wir diesen Prozess als *Ende*. Wir ahnen, dass jene goldenen alten Zeiten mit ihren berechenbaren Größen in Bezug auf Familie, Lebenslauf, Beruf, Einkommenszuwachs nicht zurückkommen. Immer ein Stück vom gleichen Kuchen obendrauf, das läuft nicht mehr. Gleichzeitig versteifen wir uns ins Gewesene. Wir sind schwer beleidigt, enttäuscht, betrogen, und deshalb ein bisschen aufsässig. In alter Tradition schieben wir gerne »denen da oben« die Schuld in die Schuhe. Aber wir alle ahnen, dass auch dies nur ein Teil der Symptome und nicht der Lösung ist. Was uns bitter fehlt, ist eine Vision. Nur eine geistige Idee, die die vielen Bruchstücke des Wandels und der Herausforderungen zu einem Ganzen ordnet, könnte das sich selbst nährende Untergangsraunen beenden. »Wer Visionen hat«, so soll ein österreichischer Kanzler einmal gesagt haben, »der soll zum Arzt gehen.« Aber es gibt durchaus, das realistische Panorama einer Gesellschaft im einundzwanzigsten Jahrhundert. Wir können »es« Wissensgesellschaft nennen. Oder Hochbildungsökonomie.

Davon sollen auch diese Seiten handeln: Von einem utopischen Realismus, der den depressiven Knoten zersprengen könnte, in den wir *Deutschsprachigen* uns verwickelt haben.

Droht uns die globale Wüste oder die globale Eiszeit?

Der Film *The Day After Tomorrow* handelt von der großen Strafe der Natur, von der biblischen Heimsuchung gegen die Hybris der (städtischen) Zivilisation. Man könnte das alles einfach unter der Rubrik »Bombast-Hollywood« abtun. Doch praktisch jeder, mit dem ich geredet habe, ist ergriffen und beeindruckt. »Das ist doch ein realistischer Film. Die Menschen sind doch irgendwie wie Lemminge!«

Warum fahren wir immer wieder so begeistert auf Untergangsfantasien ab? Apokalyptische Bilder sind im Kern INNERE Bilder, Projektionen, die sich mit den aktuellen symbolischen Ängsten verbinden. Die Vision kommender Katharsis erzeugt dabei eine wunderbare Selbstgerechtigkeit und Selbsterhöhung. Sie ordnet die Guten und die Bösen – und lässt uns zu einer intensiven Notgemeinschaft zusammenrücken, die die letzten Tage zusammen im (mentalen) Bunker verbringt.

Diese Gefühlslogik ist alles andere als harmlos. Die Kirchen haben sie in ihrer dunklen Phase reichlich genutzt. Islamistische Kommandos arbeiten damit. Die Nationalsozialisten ritten auf apokalyptischen Bildern in den Untergang. Der Wiener Forscher Hanns Hörbiger, erfand in den zwanziger Jahren die »Welteislehre«, die die Nazis sehr goutierten. In dieser »kosmologischen Theorie« ist das Eis aus dem Weltraum Ursprung des Lebens. Das Menschengeschlecht befindet sich seit Äonen in einem heroischen Kampf gegen die kalten

Naturgewalten; überleben und sich durchsetzen konnten nur die Stärksten, Heroischsten ...
Ist es Zufall, dass die finalen Hollywood-Schlachten unserer Tage von zwei Deutschen inszeniert wurden, von Roland Emmerich und von Wolfgang Petersen? »Wir haben Angst uns zu erweitern«, schrieb Günther Anders 1957. »Habe keine Angst vor der Angst, habe Mut zur Angst. Ängstige deinen Nachbarn wie dich selbst!« Diese in der Nachkriegszeit so aufrecht klingenden Sätze sind heute das tiefenpsychologische Mantra unserer Kultur. Dabei hat der alarmistische Populismus unserer Tage längst die ideologischen Lagergrenzen überschritten. So wie Hans Peter Martin mit Haider um dieselben Wählerstimmen und Welthaltungen buhlt, verbindet sich in der Apokalypsedrohung das Reaktionäre mit dem Kritischen. Was auf der Strecke bleibt, ist die Hoffung auf Wandel, Wachstum und Zukunft.
Was hilft gegen diesen Glauben, diese apokalyptische Frömmigkeit, deren Triebkraft unser tiefes Bedürfnis nach SCHULD und SÜHNE ist? Sicher nicht der Hinweis, dass die Prophezeiungen des Club of Rome allesamt widerlegt worden sind, dass im Lauf der Geschichte streng wissenschaftlich abwechselnd Globale Wüste und Globale Eiszeit vorausgesagt wurden; dass ein Wissenschaftlerteam in den Bohrkernen der Antarktis jetzt das Klima 800 000 Jahre in die Vergangenheit verfolgen konnte und dort herausfand, dass die Erde alle 80 000 Jahre von einer Wärmeperiode heimgesucht wird, ansonsten aber eher in der Abkühlung verharrt; dass wir mitten in einer solchen Wärmeperiode sind, die aber deutlich weniger warm ist als die letzte. Wen interessiert das?
Dass die Unwucht der Erdachse einen viel größeren

Anteil an der Klimaerwärmung hat als unser menschliches Zutun, das ist nämlich eine viel deprimierendere Information. Sie zeigt, dass die menschliche Wirkmacht – auch die negative – viel kleiner ist, als wir uns immer einbilden.

Die Vision des Menschen-gemachten Untergangs ist in Wirklichkeit eine Hybris. Allerdings eine ganz besonders subtile, weil sie im Gewand des MEA CULPA einher kommt. Was dagegen hilft?

Ehrlich gestanden, ich weiß es nicht. Mit Frommen kann man nicht diskutieren, und wer an die Klimakatastrophe glaubt, der betet einen Katechismus, der ungleich strenger ist als der der katholischen Kirche. Allenfalls ein bisschen melancholische Betrachtung kann man vielleicht dagegensetzen. Kennen Sie die Geschichte mit den Lemmingen?

Der Mythos geht auf alte Inuit-Erzählungen zurück, die von Naturwissenschaftlern des neunzehnten Jahrhunderts lange unwidersprochen verbreitet wurden. In den fünfziger Jahren wurden dann, um dem Ganzen etwas nachzuhelfen, für einen Disney-Naturfilm tausende Lemminge vor laufender Kamera Felsen heruntergehetzt – Bilder, die sich einprägten. Aber Lemminge haben mit Selbstmord nichts am Hut, sie vermehren sich nur in manchen Sommern recht heftig (was sich durch natürliche Feinde etc. wieder selbst regelt).

In einem neueren Dokumentarfilm der BBC über die Lemminge sieht man eine Gruppe von ihnen, wie sie zum Vergnügen einen Steilhang hinunterschliddern – um dann im Meer zu baden.

»Ent-Regulierung« im Leben auch für Österreich

Vor einigen Monaten kamen Apokalyptiker, Berufspessimisten und sonstige Fans des Untergangs wieder einmal auf ihre Kosten. In medialer Breitseite konnten wir die Ruinen von Tschernobyl besichtigen:
Reaktorräume, in denen Schimmel wuchert, seit zwei Jahrzehnten verlassene Schulklassen, Strahlenopfer, tote »Liquidatoren«, verseuchtes Vieh – der Gesang des Menschheitsendes, wie es Tarkowski nicht besser inszenieren und Kraus, Kafka, Beckett plus Bernhard es nicht besser besingen könnten. Dazu gab es den üblichen ideologischen Streit um die Opferzahlen – je mehr desto besser.
Dagegen fiel die Gegenmeldung kaum auf. Sie handelte, wie unspektakulär, von der Frage der Verkehrsschilder. In Holland hat man nämlich in einigen Städten ausprobiert, wie es ist, wenn man unser bis auf den Tod reguliertes Leben ent-reguliert. Man entfernte dort die Schilder aus den Stadtkernen, nivellierte die Bordsteinkanten, legte Kopfsteinpflaster aus und rief die Anarchie aus. Was passierte?
Die Autofahrer fuhren langsamer. Die Straßen waren belebter. Die Straßencafés boomten. Die Unfallzahlen sanken. Die Busse, ja sogar die Autos, waren am Ende sogar schneller und fließender unterwegs als im ewigen Stop and Go des regulierten Verkehrs, so wie wir ihn gewohnt sind.
»Shared Space« nennt Hans Mondermann, der Erfinder

dieses Programms, sein Konzept einer anderen, beweglichen Urbanität. Seine Idee reicht weit über den Raum des Verkehrs hinaus – tief ins Politische, ins Mentale, ins GEISTIGE.

Es zeigt, dass Menschen achtsam sein können. Dass sie lernen können, miteinander umzugehen. Dass sie einen Kopf haben, in dem ANDERE vorkommen.

Es zeigt, dass man nicht immer mehr Regeln, Gebote, Verbote, Kontrollen, imperative Werte benötigt, damit eine zivile Gesellschaft entsteht.

Es zeigt, dass Menschen sehr wohl aufeinander Rücksicht nehmen können. Allerdings muss man ihnen dazu auch die Gelegenheit geben. Wenn man ihnen hingegen – siehe Renten-, Kranken-, Lebens-, Staats-, Arbeitslosen- oder Langeweileversicherung (das Fernsehen) – jede Achtsamkeit für sich und andere abnimmt, entstehen zwar prächtige Verdienstmöglichkeiten für Schildermacher und Verkehrsregulierer, aber keine lebens- und liebenswürdigen Gesellschaften.

Ach, sagen jetzt unsere Berufspessimisten, das sind eben die Holländer! Die können das natürlich, weil sie schon seit Generationen unter Normalnull leben, weil sie gemütliche Spießbürger sind. Hierzulande, im Audi-Quattro-Land, würden reihenweise die Kinder und Omas umgefahren, und dann wäre das Geschrei groß, und wer soll das dann bezahlen?!

Da ist es wieder der dunkel strahlende Kern unseres Misstrauens. Und so lesen wir auch das Menetekel von Tschernobyl nicht als das, was es war – das Ergebnis eines menschenverachtenden (Kontroll-)Systems, das aus dem Ruder lief –, sondern sehen die Atomkatastrophe als Beweis für die »allgemeine« Unfähigkeit »des Menschen«. Und rufen nach noch mehr Kontrollen, noch

mehr Verboten. Und am bester GAR keiner Technik mehr!
Ich hingegen glaube, dass es einen Unfall wie Tschernobyl nie mehr geben wird.
Die Menschheitsgeschichte ist voll von Irrtümern und Desastern. Aber Menschen sind fähig zu lernen. Wir sind eine Spezies, die zum Überleben und Miteinander leben auf dem »Shared Space« Erde (und irgendwann darüber hinaus) talentiert ist.
Das ist mein hartnäckiger, nicht klein zu kriegender, holländischer Glaube an die Zukunft.

Politik kann wieder spannend werden

In der bilingualen Wiener Schulklasse meines zwölfjährigen Sohnes steht auf dem Lehrerpult eine bunt angemalte Pappkiste. Dort dürfen, nein *sollen* die Kinder Zettel hineinwerfen, auf die sie Probleme, Nöte, Fragen und Anregungen geschrieben haben. Immer wenn die Kiste voll ist, setzt sich die Lehrerin, eine leuchtend engagierte Pädagogin, mit der Klasse zusammen und diskutiert den Inhalt. Wie können wir die Nachbarklasse vom Wasserpistolenspritzen abhalten? Wie können wir derbe Fluchworte im Umgang miteinander verhindern? Wie schaffen wir es, dass Yunus und Jonathan besser in Geografie mitkommen? *Lasst uns gemeinsam drüber reden und eine Lösung finden!*

»Demokratie«, so formulierte es Sir Karl Popper, »entsteht im *modus operandi* konstruktiver Kritik.«

In unserer obrigkeitsgeprägten Geschichte haben wir jedoch genau das nicht gelernt. Aus meiner eigenen Schulkindheit kann ich mich jedenfalls nicht an eine solche Kiste erinnern. Die Dinge wurden verordnet. »ZACK AUS!«, wie mein Vater zu sagen pflegte.

Die derzeitige politische Debatte trägt noch diese Verhältnisse in sich. Eine manchmal sprach- und artikulationsunfähige Politik trifft auf eine tendenziell maßlose Öffentlichkeit, die davon überzeugt ist, dass Politiker vor allem unfähig sind und zu viel verdienen. Gleichzeitig erwarten wir Bürger alles vom Staat, von der Politik, von

»denen da oben«. Wir stopfen Zettel ohne Ende in die große Wunschkiste hinein: Politik hat gefälligst dafür zu sorgen (»Wozu wählen wir die denn?«), dass sichere Arbeitsplätze, Pensionen bis 95 und Ruhe und Ordnung garantiert sind, dass der Wohlstand wächst, so wie wir das gewohnt sind. ZACK AUS!

Erst langsam dämmert uns:

Der Wandel, vor dem wir stehen, ist kein Job der Politik allein. Der Übergang in die Wissensgesellschaft ist ein gesellschaftliches Projekt, in dem wir alle Stimme und Verantwortung haben. Es geht um nicht weniger als eine Neujustierung unserer gesamten Lebenswelt:

um das Verhältnis zwischen Männern und Frauen, um den Vertrag zwischen Alt und Jung, um Bildung und Arbeit, um Bürgergesellschaft und staatliche Institutionen. All das steht zur Disposition, benötigt neue Verträge, muss in neue, sinnvolle Beziehung zueinander gesetzt werden.

Die österreichische Debatte zeigt dies inzwischen kristallklar:

Die alten Kategorien von »rechts« und »links« können uns bei dieser Aufgabe nicht mehr weiterhelfen. Längst geht der Streit um den richtigen Weg mitten DURCH die Lager, ja durch die PERSONEN hindurch. Was ist gerecht, was ist fair und zukunftsweisend, in einer globalisierten, individualisierten Kultur? Was nur noch selbstgerecht und im Grunde reaktionär?

Das heißt aber auch:

Politik kann ENDLICH wieder spannend werden! Vorbei sind die Zeiten, als man im Zweifelsfall einfach sein ideologisches (Lager-)Fähnchen hochhalten konnte. Zukunftspolitik heißt heute: klügere Fragen stellen, die Debatte nach außen öffnen, Worte suchen für den

Wandel, sich nach dem Unterricht zusammenzusetzen
und eine Lösung finden!
Wetten das geht?
Andere Länder – ihre Liste ist inzwischen lang – haben das auch geschafft.

Die Sehnsucht nach Weltwissen

Seltsame Dinge geschehen in der Welt des Geistes und der Kultur.

In Berlin schloss vor kurzem eine Kunstausstellung, bei der 1,2 Millionen Menschen rund um die Uhr in langen Schlangen warteten. Alexander von Humboldt erlebt plötzlich eine Renaissance als Protagonist eines Weltbildes der Offenheit und Neugier. Der *SPIEGEL*, das zentraldeutsche Depressionsorgan, bringt SCHILLER und die Idee der bildungsbürgerlichen Freiheit auf das Titelbild – man glaubt es kaum!

In Wien sind mathematische Vorträge im Museumsquartier überfüllt, in denen es um den »Zauber der Null« geht. Vorlesungen über Quantenphysik (vom österreichischen Guru des Beamens Zeilinger) oder die Poesie der Schwarzen Löcher werden plötzlich zu öffentlichen Ereignissen. Anspruchsvolle Weltwissensbücher wie Bill Brysons *Eine kleine Geschichte von fast allem* beherrschen die Bestsellerlisten. In Wien erlebt die SOMMER-KINDER-UNI einen riesengroßen Andrang.

Weitgehend unbemerkt vom pessimismusgetränkten Intellektuellendiskurs manifestiert sich hier eine generationsübergreifende Sehnsucht nach Weltwissen. Solche Neugierepochen gab es natürlich früher auch schon einmal: Im Fortschritts-beseelten Wien der Jahrhundertwende etwa oder in den Turbotechnik Jahren der Siebziger, als man in Siebenmeilenstiefeln zum

Mond wollte. Aber die heutige Wissenssehnsucht ist weniger technisch-euphorisch geprägt. In ihr drückt sich anderes aus:
Erstens: eine unterschwellige Kritik am AKADEMISMUS. Wissenschaft in Zukunft soll zugänglich, bisweilen sogar unterhaltsam sein. Professoren täten gut daran, schleunigst zu üben, wie man sein Publikum fasziniert. Das hat nichts mit »ökonomischer Verwertbarkeit« zu tun. Die Gesellschaft stellt sich nur die plausibel Frage: Wofür wird das viele (Steuer-)Geld für Forschung und Erkenntnis tatsächlich ausgegeben?
Zweitens: die Sinn-Sehnsucht nach dem Höhepunkt der Konsumgesellschaft.
Wenn alles Dinge gekauft sind, kann man sich entweder ins Religiöse flüchten – oder man entdeckt die Wunder der Welt aus neuen Perspektiven.
Drittens: das langsame Auflösen der alten Bildungseliten.
Viele Ältere holen mit sechzig Jahren nach, was sie als Junge nicht entdecken konnten. Die gesamte Gesellschaft wird klüger, allen Unkenrufen zum Trotz.
Viertens: die neue Interdisziplinarität und Ganzheitlichkeit.
Wir verstehen langsam, wie die Gentechnik mit der Evolution zusammenhängt, die Mathematik mit der Ökonomie, die Spieltheorie mit der Liebe. Dabei entstehen faszinierende »symbiotische Wissenschaften«: Ethnogenetik, Soziobiologie, Evolutionspsychologie, Kulturanthropologie, Neurowissenschaften, Evolutionsökonomie, Konsumanthropologie, ja sogar »Geophilosophie« (der Autor Elmar Holenstein kartografierte in seinem *Philosophie-Atlas* die Welt als geologischen Raum der Gedanken).

Es sind die universalen Fragen, die das Ganze so spannend machen:
Wie entsteht Leben? Ist das Entstehen von Intelligenz auf Planeten determiniert? Evolutioniert der Mensch noch? Was ist Bewusstsein? Wie entsteht Wohlstand? Warum gibt es immer noch Armut (und wie können wir sie abschaffen)? Wie entsteht gelungene Zukunft?
Das kann eine einzige Wissenschaftsdisziplin nicht beantworten und so brechen wir auf, ins Neuland, ins vernetzte Denken, in die reale Wissensgesellschaft.

Vom Aberglauben der Alternativmedizin

Vor zehn Jahren geriet ein guter Freund von mir an den Rand des Todes. Er hatte Schmerzen in der Brust, Fieber und Schwäche und ging zu einem Alternativmediziner, der ihm »Kügelchen« gab, jene homöopathischen Magieperlen, in denen unfassbare Moleküle ihre magische Wirkung entfalten. Nach drei Tagen wurde er mit einer lebensgefährlichen Lungenentzündung auf die Intensivstation gebracht, aus der er lange nicht mehr herauskam.

Nach der großen Studie über die Unwirksamkeit homöopathischer Heilmittel ist in Deutschland eine zweite Studie erschienen, die mit alternativen Heilmethoden abrechnet (Stiftung Warentest). Das Resultat ist ähnlich: Weder Ayurveda noch Bioresonanztherapie, weder chinesische Traditionsmedizin noch Akupunktur sind aus medizinischer Sicht empfehlenswert. Vieles ist schädlich, hat Nebenwirkungen, ist sogar giftig oder führt zu Schlaganfällen (wie das viel gepriesene »Einrenken«, eine rabiate Version des Handauflegens).

Wer in seinem Bekanntenkreis über diese Erkenntnisse spricht, erlebt eine seltsame Reaktion, eine Mischung aus Wut, Verlegenheit und Zynismus. Zuerst wird die Methodik der Untersuchung angezweifelt – waren diese Studien nicht von der Pharmaindustrie gesponsert? Wenn die Chinesen schon seit tausenden von Jahren ... MUSS das dann nicht funktionieren? Dann will man es

immer schon gewusst haben: Natürlich, Placebos helfen eben viel besser als die böse Schulmedizin!
Menschen, die sich bei jeder Gelegenheit über Ausbeutermethoden des Kapitalismus aufregen, verschwenden keine Sekunde an den Gedanken, dass uns hier womöglich eine riesige Voodoo-Branche systematisch abzockt! Warum, so sollten wir uns einmal fragen, glauben Millionen erwachsene, aufgeklärte Menschen, dass Moleküle in Nullverdünnung eine physiologische Wirkung haben? Wenn sechzig Prozent der Österreicher meinen, dass »Erdstrahlen« und »Wasseradern« den Schlaf beeinflussen – könnte man ihnen dann nicht auch einreden, dass die Erde flach und der Kanzler ein Zombie ist?
Menschen müssen glauben.
Wir müssen glauben, weil Glauben eine reflexive Energie freisetzt, die wir zum Leben brauchen.
Glauben heißt auch Vertrauen, heißt die Fähigkeit, symbolische Prozesse als Wirksamkeiten aufzunehmen – eine zutiefst menschliche Eigenschaft. Aber der Aberglauben der Alternativmedizin hat einen Haken. Er bürdet Menschen eine schwarze Verantwortung auf, die im magischen Denken des Mittelalters wurzelt. Damals wurden Kranke als Unglücksbringer aussortiert oder eliminiert.
Heute passiert es Krebspatienten, dass sie für ihre Krankheit auf besonders perfide Art verantwortlich gemacht werden. Wenn die Plazebomedizin nicht funktioniert, muss es an der »Krebspersönlichkeit« des Patienten liegen. Die Folge sind die Wunderheiler à la Hamer, die Quacksalber in Sektengestalt.
Krankheit ist immer eine Prüfung und eine Chance. In ihr wird unser Leben sichtbar, unsere Zerbrechlichkeit,

unsere Verdrängungen. Viele Krankheiten, die Menschen von Arzt zu Alternativarzt und wieder zurück schleppen, weisen im Grunde auf etwas anderes hin. Sie fordern uns auf, unser Leben radikal zu ändern. Anstatt sie an Voodoo- oder Funktionalmedizin weg zu delegieren, könnten wir als emanzipierte Kranke Verantwortung übernehmen.
Eine legitime Auszeit nehmen.
Unserem Körper zuhören. Eine Re-Konfiguration durchmachen. Das wäre die Magie der Aufklärung.
Eine wunderbare Zukunftsenergie, an die ich aus vollem Herzen glaube.

Heimweh nach der Zukunft

Seltsame Zeiten, in denen wir nostalgisch verklärt auf die Zukunft schauen. In Wien lief die Kunstausstellung »Futurismus«. Gezeigt wurden Bilder vom Gesang der Maschinen, von der Verklärung der Geschwindigkeit, Hymnen aus Stahl und Fortschrittsglaube, zusammengehalten von der Sehnsucht, die alte agrarisch-feudale Gesellschaft durch Technologie zu überwinden.
Etwas Ähnliches haben wir ja in den letzten Jahren erlebt:
einen Rausch aus Zukunftsvision und Speed-Begeisterung. Diesmal ging es um die »digitale Transzendenz«, mit der wir die Industriekultur hinter uns lassen, um die euphorischen Verheißungen von Gen- und Nanotechnik. Ungeahnte Welten schienen sich vor uns aufzutun: Allgegenwart in Netzwerken, Heilung aller Krankheiten, ein mediales Nirwana, gefüllt von den Glockenklängen des globalen Wirtschaftswunders.
Heute sehen selbst Science-Fiction-Filme sepia-alt aus. In Soederberghs Film *Solaris* trifft ein melancholischer George Clooney auf seine verstorbene Frau, der Rest ist eine tödliche, verbal ausgetragene Beziehungskiste, wie wir sie aus zahlreichen Vorabendserien kennen. Die einzigen futuristischen Zeichen am Himmel sind die verglühenden Spuren der »Columbia«.
»Die Zukunft ist unser einziges Ziel«, das war der Slogan der russischen Futuristen. Wer die Zukunft als Reich des erlösenden Jenseits verkauft, deklariert die Gegenwart

als eine Art Sondermüll, der erst einmal entsorgt werden muss. Er kann dann mit den Menschen machen, was er will, stets im Namen des glorreichen Morgen (auch die Kirche nutzte hunderte von Jahren diese Logik, und sie versucht es noch heute).

Allerdings wird auch das Gegenteil nicht möglich sein: eine Gesellschaft OHNE Zukunft. Genau aber dorthin driften wir derzeit:

in eine nostalgisch-gegenwartsautistische Kultur, die sich nur noch um sich selbst dreht; die in jedem Husten des Nachbars schon die Weltwirtschaftskrise oder den tödlichen Virus erblickt; die sich an Gefahren im Mikroprozent-Bereich unglaublich erregen kann, in den großen Fragen unserer Zeit aber lieber auf das »Gefährliche« jeglicher Handlung verweist.

Es sind ausgerechnet die »Progressiven« von einst, die heute diese Krümmung nach innen anführen. Die Nachhaltigkeitsjünger und Bio-Apostel, die längst den gesellschaftlichen Diskurs bestimmen. Die Fortschrittsskeptiker und Wertebewahrer, die Sozialverteidiger und Friedensmahner, die Lobbyisten der Angst. Sie bilden die wahre Große Koalition unserer Tage. Sie haben an allen Fronten gewonnen und alle Forschungsaufträge, Medienpreise und Kommentatorenplätze erobert. Sie reden, wie inzwischen selbst der Fleischhauer von nebenan redet: mit leise mahnender, weinerlich »betroffener«, stets alarmbereiter Stimme.

Die Zukunft ist vorbei.

Wir sitzen wie Tattergreise vor den Bildschirmen und sehnen uns zurück in eine Vergangenheit, die es nie gab, als die Familien heil, Werte und Pensionen intakt, die Natur noch gut und die Dritte Welt noch von hübschen, fahnenschwingenden Mädchen bevölkert war.

Es wird Zeit für eine neue futuristische Revolte! Nieder mit den Sauertöpfen der Reaktion! Es lebe der virtuelle Raum! Es lebe der Krieg, diese »einzige Hygiene der Welt«!
(Zitat der Futuristen)

Wenn Kim kocht

Neulich war ich in einem Restaurant mit nur fünfundzwanzig Plätzen zu Gast. Das Essen war von unvergleichlicher Köstlichkeit. Wir wollten gleich nächste Woche wiederkommen, wurden aber höflich darauf hingewiesen, dass dies leider nicht möglich sei. Um in diesem Restaurant einen kleinen Tisch zu ergattern, muss man ein halbes Jahr vorbestellen. Die nächsten Reservierungen darf man am 5. Mai ab 15 Uhr nachmittags telefonisch erbitten. Dann schafft man es vielleicht im Juli.
Nein, dieser Kulttempel, um den sich dreitausend kluge, schöne, wichtige Menschen reißen, steht nicht in New York oder London, auch nicht in der neuen Hip-Welt-Metropole Shanghai, sondern unweit des Währinger Gürtels in Wien. Betrieben wird es von der legendären Kim, einer Koreanerin, die sich vorerst als Modedesignerin und Aktionskünstlerin einen Namen machte und die inzwischen mit ihrer asiatischen Lukullik, um die sich eine ganze Themenwelt von Kochkursen, ambitioniertem Design und Geschmackssensationen rankt, einen echten Standortvorteil für die Weltstadt Wien schuf.
Wie entsteht Zukunft in einer Gesellschaft?
Durch Aufsteiger, die etwas wollen. Durch Menschen, die von unten kommen und nach oben drängen. Die ihre Talente, Fähigkeiten, ihre Geschmäcker und Eigenheiten auf diesem Weg konsequent einsetzen.
Wie entstehen großartige Städte? Durch die Zusammenballung jener urwüchsigen Aufstiegsenergien, die vom

Überlebenskampf nicht trennscharf zu unterscheiden sind. In einer Stadt wie New York, die sich aus den Hoffnungen und Visionen reicher und armer Immigranten zusammengesetzt hat, entstand jener Druck und jene Hitze, die die Diamanten außergewöhnlicher Kulturleistungen formte.

Wien war – wie gesagt – auch einmal eine solche Stadt der Brillanz. Hier entsprang der *genius mundi*, von hier kamen die Weltideen in Kunst, Kultur, Mathematik, Physik, Medizin, Soziologie, Architektur, Design, und, ja doch, auch Gastronomie, Tanz, Trivialkultur (»Alles Walzer«). Damals strömten, in einer verzweifelten, aber unendlich produktiven Bewegung, die jüdischen Intellektuellen des Ostens, die slawischen Schlawiner und baltischen Grafen nach Wien. Nicht alle wurden etwas. Aber es wurde etwas daraus.

»Moving on up« hieß unlängst eine Titelgeschichte der Zeitschrift *Newsweek*, in der die weltweiten Ströme der armen und reichen Migranten analysiert wurden: Wie sie die Ökonomien rund um den Globus transformieren, die Einheimischen einerseits herausfordern, andererseits mit billigen Services unterstützen. Wie sie später in ihre Heimatländer zurückkehren und auch dort ihren Teil zur Wohlstandsdynamik beitragen.

Fazit: Die globale Migration ist eine Wirtschaftskraft ohnegleichen.

Wenn eine Gesellschaft glaubt, ohne den Stachel der Newcomer und Aufsteiger auszukommen, wird sie sich unweigerlich in eine weinerlich-mediokre Jammerkultur verwandeln.

Wenn sie die *Anderen* immer nur als Flüchtlinge und Antragsteller klassifiziert, wird sie in ihrem eigenen Saft schmoren, die Vergangenheit verherrlichen und an Mie-

selsucht zugrunde gehen. Sie wird irgendwann aufhören, jene vitale Grundarbeit zu leisten, die den Kern des Zivilisationsprozesses bildet: die Verwandlung von Aufstiegsenergie in Zukunft.
Gegen diesen Niedergang kocht Kim an.
Auf nur dreißig Quadratmetern.
Aber auf das köstlichste.

Wir werden immer intelligenter

Vor einiger Zeit ging die Meldung durch die Medien, dass ein Handy-Klingelton in England und Frankreich auf Platz eins der Hitliste gelangt war. Das Feuilleton geißelte wieder einmal genüsslich die Grenzdebilität der modernen Spaßkultur. Leserbriefschreiber aus der kulturpessimistischen Einheitsfront stimmten in den Chor ein: Die Menschheit wird rapide dümmer (ausgenommen natürlich der jeweilige Leserbriefschreiber selbst)!

Dabei ist genau das Gegenteil der Fall. Der neuseeländische Professor James R. Flynn untersuchte in den achtziger Jahren lang akribisch die Intelligenzentwicklung auf unserem Planeten. Und kam, aufgrund von Langfristdaten in zwanzig Ländern, zu erstaunlichen Ergebnissen: Flynn fand Anstiege des IQ zwischen fünf und dreißig Punkten in gerade einmal fünfundzwanzig Jahren, also in einer Generation. Die Deutschen etwa verbesserten sich von 1954 bis 1981 um siebzehn Punkte. Eine 1982 getestete Gruppe holländischer Rekruten schlug die Jahrgänge ihrer Väter um glatte zwanzig IQ-Punkte. Obwohl diese Tendenz nach neueren Messungen in Norwegen und Dänemark derzeit eher stagniert, nimmt die »Gesamtintelligenz« in fast allen Ländern auch in den letzten fünfzehn Jahren weiter rapide zu.

Ein Teil dieser Entwicklung ist leicht zu erklären: mehr Breitenbildung, bessere Ernährung, weniger schwere Kinderkrankheiten. In seinem Buch *Everything Bad is*

Good for You (Warum das Schlechte gut für uns ist) wählt der amerikanische Autor Stephen Johnson jedoch noch einen anderen Erklärungsansatz. Er spricht vom »collateral learning«: Intelligenz-Zunahme als Nebenwirkung moderner Medienkultur.

Es ist gerade die elektronische Trash-Kultur, die unser Hirn mit immer neuen Komplexitäten ausstattet. Big-Brother-Shows trainieren, allen gegenteiligen Urteilen zum Trotz, unsere Selbst- und Fremdwahrnehmung. Chatten, Mailen, SMSen sind letzten Endes kommunikative Metatechniken. Das Internet schult uns in Weltzusammenhängen. Besonders neuere, komplexe Videospiele trainieren jene Synapsen im Hirn, die unsere kognitiven Fähigkeiten vorantreiben. »Romane mögen unsere Vorstellungskraft anregen, Musik unsere Emotionen, aber Videospiele trainieren uns im raschen Entscheiden und in kognitiver Schnelligkeit«, schreibt Johnson.

Die Meisterquerdenker Dirk Maxeiner und Michael Miersch haben solche Phänomene bereits vor Jahren in ihrem Buch *Das Mephisto-Prinzip* geschildert: Persönliches Profitstreben, zum Beispiel, schafft Wohlstand für alle. Tier- und Pflanzenarten überleben nicht, wenn man sie schützt, sondern wenn man sie nützt. Manche Bösewichte erweisen sich im Nachhinein betrachtet als Wohltäter (Maggie Thatcher zum Beispiel).

Umgekehrt gilt: Der Weg zur Hölle ist gepflastert mit guten Absichten. Unglaublich viel politischer Unsinn entsteht im Einhalten von »guten Vorsätzen« und moralischer Invektiven. Siehe die Afrika-Kampagne aus dem Jahr 2005, über die eine englische Zeitschrift böse schrieb: »Können die hungernden Kinder Afrikas noch einmal abgehalfterte Rockstars retten?«

Der kulturpessimistische Oberlehrer, der in unserer Kultur lagerübergreifend das Wort schwingt, und für den ein großes Latinum gleichbedeutend mit »Intelligenz« ist, wird dies niemals begreifen.
Aber wie sagte schon Scott Fitzgerald?
»Eine erstklassige Intelligenz zeigt sich, wenn jemand zwei widersprechende Ideen gleichzeitig in seinem Kopf balancieren kann, ohne daran zu verzweifeln.«

Die kreative Klasse

Als ich vor zehn Jahren das erste Mal für längere Zeit nach Wien kam, beeindruckte mich die Demonstration am 1. Mai, auf der immer noch Kolonnen von Unterdrückten dieser Erde, zum Beispiel verbeamtete Straßenbahnfahrer, über die Ringstraße marschierten. Nur das Rote Wien konnte am Tag der Arbeit noch 30 000 Unterdrückte dieser Erde mobilisieren, als wäre seit meiner vom Linkssein geprägten Jugend nichts passiert.
Laut Marx ist alle Geschichte eine Geschichte der Klassenkämpfe. Aber da der Klassenkampf längst in Sozialpartnerschaft untergegangen ist, ist die Geschichte – eigentlich – zu Ende. Aus. Vorbei. Wirklich?
Der Publizist Richard Florida hat in den USA einen Bestseller geschrieben, in dem er eine neue Ära des Klassenkampfes antizipiert. In seinem Werk *The Rise of the Creative Class* belegt er, dass sich in den postindustriellen Nationen seit einigen Jahren eine neue, durchaus zur Dominanz fähige Klasse entwickelt. Ihr Produktionsmittel ist: KREATIVITÄT.
Den Nukleus der KREATIVEN KLASSE, den »superkreativen Kern«, bilden die Profis des »erweiterten Künstlermarktes«: erfolgreiche Autoren, Publizisten, Schauspieler, Regisseure, Maler, Architekten, Fotografen, Moderatoren, Kabarettisten, Comiczeichner, Musiker, DJs, Starköche, Werber, Designer, PR-Leute, Berater, kreative Rechtsanwälte, Wissenschaftler mit Medienwirkung, Manager mit Ambitionen oder Sportler, die Neues

wagen. Darum entfaltet sich das weite Feld der Texter, Web-Designer, IT-Freaks, Berater, Coaches, Therapeuten, Grafiker, Mode-Kreateure, Kommunikationsspezialisten, das Panorama der Wellness-, Gesundheits- und Motivationstrainer, der Film- und Werbeleute, der Models, Modeberater, kreativen Gastronomen und Ladenbesitzer, ja selbst der ambitionierten Friseure. Sie alle verdienen, teils in abhängiger, teils in selbstständiger Beschäftigung, ihr Brot mit der *Erzeugung des Unterschieds*.

Bislang neigte man dazu, diese Berufsgruppen einem randständigen Milieu zuzuweisen: *Künstlertypen* eben! Aber wenn man alle zusammenzählt, wird aus dem Flickenteppich plötzlich – eine dominante Macht. Richard Florida zählt für Amerika einen erstaunlichen Anteil von fast dreißig Prozent aller Erwerbstätigen – die kreative Klasse ist längst größer als die Arbeiterklasse, fast so groß wie die klassische Angestelltenschicht!

Haben die Kreativen eine Klassenlage, womöglich sogar Klasseninteressen? Was verbindet sie, wo sie doch eher Einzelkämpfer sind und ihr Einkommen extrem differiert?

Sie wachsen und gedeihen nur in einem Milieu, in dem die drei »Ks« dominieren: Kreativität, Kultur, Kulinarik. Da sie ständig nach Anregung suchen, verlangen Sie nach Differenz, Diversität und lebendiger Demokratie (die drei »Ds«). Sie konkurrieren weniger untereinander als mit den unendlichen Geldern, die in den Hierarchien und Bürokratien des alten industriellen Systems gebunden sind.

Nur wer diese »Klasse« anzieht, so Florida, wird im Standortwettbewerb der Zukunft gewinnen. In den USA macht Florida zehn »Creative Hubs« aus, urbane Regio-

nen, in denen die Wirtschaftskraft deutlich höher ist als in den alten Industriezentren.
Werden wir also dereinst auf der Ringstraße marschieren und singen:
Brüder, zum Lichte, zur KRE-A-TI-VI-TÄT empor?

»Für die Begeisterung brauchst Du Kraft«

Sir Karl Popper, geboren 1920 in Wien

Vor einiger Zeit war ich wieder einige Tage in meinem Heimatland Deutschland. Mein Gott. Bislang dachte ich, Wiener Taxifahrer, Wirte und FPÖ-Parteimitglieder hätten schlechte Laune.

Aber das ist ja gar nichts gegen das dumpfe Dröhnen, das in Deutschland nach wie vor aus allen Kanälen quillt. In allen Talkshows sitzen Gewerkschafter und Wirtschaftsfunktionäre, die unentwegt »Krise« murmeln. »Super-Krise«, »Mega-Krise«, »End-Krise«. Alle wollen strafen, unentwegt Schuldige finden, retten, bevor es endgültig zu spät ist, aber natürlich ist es schon LANGE VIEL zu spät, der Zug ist abgefahren, über den Abgrund heraus. In allen Zeitungen und Politmagazinen treten nur noch Gerichtsvollzieher auf, Huren, Illegale, bankrotte weinende Familien, arbeitslose Alleinerziehende. Die meisten Bürger halten Mienen in Kameras, die wie Weimar wirken. Und plappern den Redakteuren des Fernsehens unentwegt dieselben Formeln in die Mikrophone, von Zukunftsängsten und Rentenkrise und »denen da oben ...«.

»Malokratie« möchte ich diesen Zustand nennen.

Die Herrschaft des Negativen.

Die ehrwürdige *ZEIT*, der ich meine journalistischen Sporen verdanke, schrieb zu diesem Thema (nach einem Riesenartikel über »Die Neue Armut«, den ich in identischem Wortlaut schon 1960, 1970, 1980 und 1990 gelesen habe und natürlich nach dem Börsencrash 2001), dass die intellektuelle Meinungswelt Deutschlands eigentlich nur noch aus »Melancholikern« und »Tragikern« bestünde.

Melancholiker bedauern die gewaltigen Menschlichkeitsverluste durch den globalen Turbokapitalismus, wehren sich aber kaum noch.

Tragiker begrüßen, dass nun eine Knallhart-Gesellschaft kommt: »In dem Maß wie der Wohlfahrtsstaat bröckelt, kommt für den Tragiker ein ›antikes‹ Moment ans Licht – gleichsam das Konflikthafte des Lebens selbst, das zeitlose Muster von Triumph und Niederlage.«

Mein Gott. Habt ihr alle ein Rad ab? Hört ihr alle nur Wagner? Weiß eigentlich keiner mehr, was WIRKLICH Krise ist? Fährt eigentlich niemand in andere Länder? Gibt es eigentlich noch Menschen, die diese Zungenrede der Krise nicht mitmachen? Wann finden sich genug Leute, die mit mir in Deutschland eine »Partei des normalen Wandels« (PDW) gründen?

Eine Interessensvereinigung derjenigen, die an den Untergangs-Schmonzes nicht glauben. Die wissen, dass der Sozialstaat keineswegs »abgebaut« wird, sondern derzeit investiert; dass die Wirtschaft sich graduell in eine Wissensökonomie wandelt, in der man andere Qualifikationen und ein bisschen mehr Wandlungsbereitschaft braucht; dass es immer Arme und schwierige Personen und menschliche Situationen geben wird; dass Armut aber heute sechzig Prozent des mittleren Einkommens bedeutet, und ein Hartz-2-Empfänger so viel Kaufkraft hat wie ein Arbeiter in den sechziger Jahren; dass es im Westen 7,7 Prozent Arbeitslose gibt, zu viel, aber ...

Ach was, hat alles keinen Zweck.
Bevor nun auch ich final melancholisch werde, noch zwei Zitate:
»Kritisieren kann auch ein Schwächling gut. Für die Begeisterung aber brauchst du Kraft, Wissen, Selbstbewusstsein. Und ein offenes Naturell.« Das Zitat stammt von Sir Karl Popper, einem Wiener.
Und, unübersetzbar, Vladimir Bukovsky:
»The pessimist is the man who believes things couldn't possibly be worse. To which the optimist replies: Oh yes, they could!"

Wir brauchen sie, die Marias

In unserer Wiener Nachbarschaft, drei Häuser weiter, wohnt bei einem Ehepaar, mit dem wir gut befreundet sind, Maria.
Maria stammt von den Philippinen und ist das, was meine Großmutter eine *Perle* nannte und was heute globaldeutsch *housemaid* heißt. Sie putzt, sie kocht, sie kümmert sich um die Kleidung, sie schmeißt den Haushalt. Sie spricht ein wunderbares Englisch und ein witziges Deutsch und kann ganz toll mit den Kindern lachen. Sie ist selbstverständlicher Teil der Familie. Ohne ihr stilles, leuchtendes Wirken könnte unser befreundetes Ehepaar seinen anstrengenden Jobs – er als Diplomat, sie als Angestellte bei der UNO – niemals nachgehen. Schon gar nicht mit zwei kleinen Kindern.
Marias verschlungene Lebensgeschichte erzählt von den knallharten Realitäten eines unruhigen Planeten. Maria arbeitete als Wäscherin in Hongkong, versuchte es eine Zeit lang als Babysitterin in Saudi Arabien, wo man sie als Sklavin behandelte. In Israel, bei einer alten Dame, die aus Österreich stammte, ging es ihr besser. Schließlich fand sie über Umwege nach Wien, wo sie seit nunmehr sechs Jahren lebt – mit einer legalen, aber fragilen Diplomatenaufenthaltsgenehmigung, die sie nicht vor schikanösen Polizeikontrollen schützt. Ganz zu schweigen vom alltäglichen Rassismus in Tram, U-Bahn oder Supermarkt.
Marias Geschichte ist dennoch eine globale Zukunftsge-

schichte. Sie erzählt von der großen Reise von Millionen von Menschen in ein besseres Leben. Maria verdient heute beim Ehepaar L. viermal soviel wie eine Ärztin auf den Philippinen. Sie ist heute 32 Jahre und hat einen ordentlichen Batzen Geld gespart. Sie will noch zwei Jahre bleiben und dann in ihrer Heimat eine kleine Firma gründen. Sie wird ihren Weg finden, denn sie ist stark und selbstbewusst geworden.
Österreich ist nicht Amerika.
Aber auch unsere europäischen Gesellschaften sind aus den fleißigen Händen von Immigranten entstanden. Man denke an die Polen im Ruhrgebiet, die Gastarbeiter in den Fabriken der siebziger Jahre. Man blicke in das Wiener Telefonbuch und buchstabiere die Namen. Man inspiziere die Restaurants und Baustellen. Man werfe einen diskreten Blick in die bürgerlichen Haushalte – es wimmelt nur so von Putzfrauen aus Slowenien, Bosnien, Gärtnern aus Polen, der Ukraine, Au-Pairs aus der Slowakei. Und der Herr Grasser (wie organisiert der seinen Haushalt?) weiß davon nichts?
Wir brauchen sie so bitter, die Marias.
Wir brauchen händeringend Auf- und Einsteiger, gebildete und anderweitig talentierte, die das Feuer des Leistungswillens, die *upward mobility*, in unsere depressiv ermatteten Kulturen zurückbringen.
Stattdessen leisten wir uns diesen stillen, verlogenen Konsens der Exklusion. Wir streiten um die letzten Prozentpunkte der Pensionsversicherung. Wir lassen einen Sklavenmarkt in der Schwarzarbeit zu. Wir verdammen hoch gebildete Frauen zur Hausarbeit und wundern uns, dass die Scheidungsraten steigen (waren die Frauen im achtzehnten Jahrhundert nicht schon einmal weiter?).

Im globalen Zeitalter buchstabiert sich »Gerechtigkeit« anderes als »Verteilungsgleichheit unter Inländern«. Zukunft ist, wenn wir anderen Menschen Teilhabechancen an unserem Wohlstand geben. Nicht als Asyl-Almosen, sondern als Möglichkeit zum selbst vollbrachten Aufstieg. Fair bezahlt. Zum beiderseitigen Vorteil. Durchaus im eigenen, egoistischen Interesse.

Die Profis des schlechten Gewissens haben Hochkonjunktur

»Zu wenig Jobs für geistig Behinderte!«, lautete eine Titelschlagzeile der *PRESSE*. Darunter ein Bild von zwei unvorteilhaft fotografierten Down-Kindern. Ein Skandal, so suggerierte die Anmutung dieser Titelseite, ein gewaltiger Notstand, dass diese Kinder keinen Arbeitsplatz bekommen, weil: »Es herrschen harte Zeiten für Menschen mit intellektueller Beeinträchtigung!«
Kann man derart apodiktisch und verquert politisierend mit einem Integrationsthema umgehen, das Fingerspitzengefühl verlangt und eigentlich im Reich der leisen Töne verortet ist?
Nein, man kann nicht. Aber der Zeitgeist zwingt dazu. Denn wir leben im Zeitalter des neuen Moralismus. Die Profis des schlechten Gewissens haben Hochkonjunktur mit ihren immer gleichen Elegien von steigender Armut, Neoliberalismus, Turbokapitalismus, die von ZIB 1 bis 3 kritiklos nachgebetet und multimedial aufbereitet werden. Unentwegt werden Opfer gesucht, gemacht und medial inszeniert.
Besonders in Deutschland feiert ein Emotionsmarxismus Renaissance, der alle rationalen Diskurse wegzuschwemmen droht. Auf der Titelseite der *ZEIT* rechnen Feuilletonisten im Tonfall alttestamentarischer Brandreden mit den bösen Kapitalisten ab, die unaufhörlich Arbeitsplätze abbauen (ist das nicht die Erfolgsgeschichte des Industriekapitalismus, der uns allen Wohlstand brachte und Tätigkeiten, bei denen wir nicht mehr

in Bergwerkstollen herumkriechen müssen?). Die *BILD*-Zeitung, ansonsten immer gut für Minderheitenhetze und Chauvi-Zynismus, orgelt unaufhörlich von sozialer Kälte. Heiner Geissler, der Linksradikale der Union, wird in reaktionären Provinzzeitungen kritiklos mit Worten zitiert, die vor dreißig Jahren Lehrern Berufsverbot eingebracht hätte. Entsprechend verarbeitet die Union ihre Wahlniederlage nun mit einer Anpassung an eine wohlfeile Rhetorik der »sozialen Verantwortung«.

Ach was, könnte man sagen, der Betroffenheitskultus gehört zu einer bewährten Doppelmoral, die jedes Jahr zur Vorweihnachtszeit zu besonderer Form aufläuft. Wir leben im Speck, aber was uns noch fehlt, ist jenes soziale Wellness-Feeling, in dem immer die anderen (zu meiner Jugend hieß es »das System«) irgendwie Schuld sind ... Also spenden wir. Oder regen uns auf.

Aber wie weit kann eine Gesellschaft ihr Wärme- und Heilsversprechen ausweiten, ohne die Mechanismen der Vernunft, des klaren Verstandes (der ja Bedingung jeder nachhaltigen Verbesserung ist) zu zerstören?

Moralismus, so sollte uns die Geschichte allmählich gelehrt haben, ist keineswegs moralisch. Er dient vor allem den Eitelkeiten und Herrschaftsansprüchen seiner Betreiber. In seinem Schatten blüht nicht nur der Opportunismus, sondern auch die Tyrannei. Im *Journal of Personality and Social Psychology* veröffentlichte eine Forschergruppe der University of Minnesota eine Studie über die Moralpsychologie der Menschen. Sie stellten fest, dass diejenigen, deren Weltbilder besonders stark auf unerschütterlichen »moralischen Grundhaltungen« basierten (zum Beispiel christlichen), im Alltag besonders intolerant, ignorant und konflikthierarchisch agierten.

Wirklich moralische Menschen machen dagegen nicht viele Worte. Sie schwingen keine verbalen Knüppel. Sie wissen, dass die Welt ihr Gutes hat. Und das es sich allemal lohnt, dieses Gute zu verstärken.
Auf diese Weise – und nur so – entsteht Zukunft.

Plädoyer für ein neues Menschenbild

Nun hat jenes politische Kabuki-Theater, das seit Jahren schon die deutsche Öffentlichkeit zermürbt, auch die Österreicher erreicht. Eine hektische Sparaktion im Gesundheits-, Arbeits- und Pensionswesen wird beschlossen und unter dem Etikett Reform vermarktet. Prompt hüpfen die Lobbyisten mit immergleichen Gesten und Ritualen aus dem Schrank. Volksverdummung! Betrug! Verrat! Neoliberalismus! In ermüdenden TV-Expertenrunden werden Argumente hin- und hergewälzt, deren Erkenntnis- und Unterhaltungswert an Körperverletzung grenzt.
In diesem rhetorisch-kleinkarierten Getöse geht jede Zukunftsdimension verloren. Worum geht es eigentlich? Es sind zwei Übergänge, die die spätindustriellen Gesellschaften zu bewältigen haben:
Erstens: *den demographische Übergang* von einer kinderreichen, religiös gebundenen Gesellschaft zu einer Kultur der individuellen Mobilität.
Zweitens: Wir befinden uns mittendrin im *Wandel von der Industriewelt zu einer auf Wissen und Bildung basierenden Ideenökonomie.*
Beide Prozesse führen dazu, dass unsere in der Fabrikära historisch gewachsenen sozialen Kontrakte und Versicherungssysteme nicht mehr stimmig sind. Sie werden erstens unfinanzierbar und erweisen sich – zweitens – als gigantische Bremsklötze für jene Vitalität und Flexibilität, die wir in der Ideenwirtschaft dringlich brauchen.

Es geht, im Kern der Reformdebatte, um nichts Geringeres als unser Menschenbild.
Steht im Zentrum unseres soziopolitischen Denkens weiterhin ein lebenslang abgesicherter Abhängiger, ein »kleiner Mann«, ein Opfer der Verhältnisse, das wir vor Unbill schützen müssen? Können wir nur Sicherheiten politisch organisieren? Oder auch neue Freiheiten?
Ja doch, wir müssen lebenslang lernen. Aber wir – oder unsere Kinder – können auch aus starren Bindungen, Weltbildern, Hörigkeiten hinauswachsen. Gewiss, wir müssen mehr für uns selbst sorgen, aber die Vielfalt der Lebensentwürfe nimmt zu und schafft neue, emanzipative Dimensionen des Lebens. Männer und Frauen können heute neue Rollen-Diversitäten jenseits der Stereotypen entwickeln. Arbeitsverhältnisse können heute ungleich flexibler, auch kreativer gestaltet werden – von beiden Seiten her!
Diesen Aufbruch gilt es zu formulieren, bevor man sich darüber einigt, wo man – im Sinne eines besseren Morgen – sparen kann und muss. Man muss wissen, wohin mal will, bevor man aufbricht. Dass man eine Gesellschaft der Individualisten durchaus politisch-solidarisch absichern kann, zeigen zahllose Beispiele. Das Rentensystem der Schweiz verpflichtet jeden Schweizer Bürger – JEDEN – zu Einzahlung eines gleichen, aber NIEDRIGEN Prozentpunktes seines Einkommens. Ohne Bemessungsgrenze. Das aber garantiert nur einen Sockelbetrag für ALLE, für den Wohlstand im Alter muss jeder selbst sorgen. Die Skandinavier haben die höchsten Steuersätze Europas, aber finanzieren damit ein effektives und kreatives Hochbildungssystem, das die ganze Gesellschaft früher oder später auf die Universität führen wird (67 Pro-

zent aller jungen Finnen haben die Matura – in Österreich nur 25 Prozent!).
In Österreich und Deutschland gibt es eine fatale Tradition, lebendige Modernisierungsfragen in tote Spardebatten zu verwandeln. Der einstige »Eichel-Kult« in Deutschland, der »Grasserismus« in Österreich – diese seltsame Verklärung der Finanzverwalter des Staates zeugt von einer postfeudalen Buchhaltermentalität.
Doch wenn wir den Sparkommissaren die Zukunft überlassen, ist ein mieser Populismus unser Schicksal.
Und eine eine Million Jahre dauernde Rückwärts-Expertendebatte, bei der es genauso genommen um – NICHTS – geht.

Bei der Urania beginnt der Strandurlaub

In meiner Jugend gab es in der Stadt meines Selbstfindens eine Zeitschrift, die auf den schönen Namen »Pflasterstrand« hörte. Das wurde immer mit »Pflasterstein« verwechselt, was zu heillosen Verwirrungen führte. Dabei berief sich die Wortkombination auf die französische Parole »Unter dem Pflaster liegt der Strand«, mit der die Pariser Studenten eben NICHT ihre Bereitschaft zum Steinewerfen ausdrückten, sondern ihre Sehnsucht nach einer anderen, romantischeren Welt hinter den kalten Fassaden der anonymen Großstadt.
In den letzten heißen Sommern hat eine neue Mode Europa und auch Wien erobert. In jeder großen Stadt hat sich gleichsam über Nacht ein realer STRAND gebildet. Mit echtem Sand, Liegestühlen, Sonnenschirmen und Strandkörben. In Hamburg an der berühmten STRANDPERLE, sieht es aus wie damals in Rimione. In Paris wie in Nizza. In Frankfurt, wo im Osthafen die Architektin Marie Therese Deutsch ein ganzes Ensemble an den grauen Main gebaut hat, wummert Techno am Flussufer. Und auch in Wien hat sich – sehr zum Vorteil der alten Kaisermetropole – bei der Urania ein Strandleben entwickelt wie es lebendiger und impulsiver nicht sein könnte. In Berlin gibt es mehr als zehn dieser »New Urban Spots«, für Schwule, Kinder, Lesben, Gourmets und die Bundespressekonferenz, also für alle Berliner. Einer der Betreiber soll jetzt das Konzept nach Shanghai bringen, an den Gelben Fluss. China – Budapest – Donauinsel – eine Wasserlinie.

Das ist so ziemlich genau das, was man einen »Trend« nennt. Interessant ist er aber nur, weil dahinter größeres Phänomen steckt: URBAN WELLNESS oder die Rekreation der Stadt im Wissenszeitalter.
Städtische Topografie ist durch die Trennung der Sphären geprägt: Büros, Wohnsilos, Verkehrswege. Städtisches Leben ist durch die Rhythmen der Industriezeit strukturiert: Rush Hour, Mittagspause, Geschäftsschluss. Industrielle Städte haben den Fluss, an dem sie (oft) gebaut waren, ignoriert und betoniert. Strände hingegen öffnen eine extemporäre Zone, ein Holodeck mit Aussicht auf das symbolisch fließende Wasser. Strände helfen uns, frei nach Proust, bei der Suche nach der verlorenen Zeit.
Ist Ihnen aufgefallen, dass die Stadt in diesem Sommer nie ganz zur Ruhe kam? Selbst Mitte August erreichten einen noch berufliche Anrufe, prasselten die Mails in den Postkorb. Die mittlere Urlaubsdauer in Österreich liegt heute bei 11 Tagen, Tendenz sinkend. Dafür sind alle irgendwie ständig unterwegs, zu Freunden, Verwandten in aller Welt, schon wieder auf Geschäftsreise oder noch mit der Familie in Italien, wo man aber selbstredend auch am Handy erreichbar ist ...
Langsam lösen sich Verkrustungen, mit denen das Industriezeitalter das Leben überzogen hat. Während das Land zu AGRICONIA wird, der elektronisch erschlossenen Natur, werden die Städte zu GLOBOTOPIA – einer rund um die Uhr geöffneten Veranstaltung, in der Arbeit mit Freizeit und Kultur mit Kommerz konvergieren. In ECHTEN Großstädten lebt, liebt, shoppt und arbeitet man rund ums Jahr bis tief in die Nacht, und die Grenzen dazwischen sind flüchtig.
Armes Mittelmeer.

Irgendwann brauchen wir deine Strände nicht mehr, an die wir früher gleich einen ganzen Monat flüchten mussten, um der grauen Normzeit zu entgehen.
Der Fluss meiner Jugend war eine finstere Industriekloake.
Jetzt kann man sogar an der schwer schiffsbefahrenen Elbe wieder baden, in der blauen Donau sowieso.
Haben wir's nicht immer schon gewusst? Unter dem Pflaster liegt der Strand!

Die Pinguin-Frage als Schlüsselsymbol unseres Selbstverständnisses

Die Pinguine lassen uns nicht mehr los. Wohin wir sehen, wimmelt es von Pinguinen. Weiße Pinguine, schwarze Pinguine, Pinguine im Frack, Pinguine als Symbol für menschliche Kulturen, für Schöpfung und Familienwerte. Seit der dazugehörige Film »Marsch der Pinguine« gelaufen ist, ist die Pinguin-Frage zum Schlüsselsymbol menschlichen Selbstverständnisses geworden.

Jetzt kommt heraus, dass alles gar nicht so herzergreifend idyllisch ist, wie uns im Film berichtet wird. Pinguine, so heißt es in einem der letzten NEW SCIENTIST, sind auch nur Vögel mit kleinem Gehirn und prekärem Sozialverhalten. Zwar adoptieren Königspinguine tatsächlich die »verlorenen« Babys anderer Paare, doch eine jüngste Studie fand heraus, dass 53 Prozent der adoptierten Kücken in Wirklichkeit GEKIDNAPPT waren. Eine dem Königspinguin verwandte Art (Aptenodytes patagonicus) geht mir ihren zarten Babys etwas anders um als im Sinne christlicher Familienwerte: Wenn es sehr kalt wird auf dem Packeis, schiebt sie die schwächeren Kücken an den Rand der Gruppe, damit diese im Sturm bei minus dreißig Grad erfrieren, unterwegs werden die Kleinen blutig gepickt. Weibliche Pinguine der Art Pygoscelis adeliae prostituieren sich gegen Baumaterial für ihr Nest. Etwa zwanzig Prozent aller Pinguine scheinen noch nicht einmal eine Brutsaison lang treu sein zu können. Der Rest übt sich in dem, was wir

Gegenwartsanthropologen »serielle Monogamie« nennen. Man ist dem Partner treu. Aber hintereinander, je nach Saison.

In den europäischen Großstädten nähert sich die Partnerrate, also die Anzahl der Beziehungen vor Abschluss einer Lebenspartnerschaft, einer Zahl zwischen zehn und fünfzehn an. Pinguine brüten etwa so oft in ihrem Leben.

Im Reich der Pinguine gibt es nichts, was es nicht auch bei den Menschen gibt. Im New Yorker Zoo zum Beispiel wohnen seit vielen Jahren Silo und Roy, ein schwules Pinguin-Pärchen. Sie liebten sich, blieben sich treu, adoptierten schließlich sogar ein fremdes Junge und zogen es gemeinsam auf. Aber dann, vor zwei Jahren, verguckte sich Silo in ein Pinguinweibchen mit Namen Scrappy und die Beziehung ging in die Brüche. Scheidung, Drama, Adoptionsfreigabe, die übliche Chose.

Warum dieser ganze Wahn mit den Tieren?

Weil wir selbst Tiere sind. Wie bei den Tieren gibt es auch bei uns eine Norm, einen breiten Verhaltenspfad, auf dem wir in unserer jeweiligen Umwelt überleben können. Islamische Kulturen sind deshalb so, wie sie sind, weil in Wüstenregionen große Sippen und (patriarchal geformte) Clans die besten Überlebenschancen gaben. Der Koran ist lediglich ein »Überbau« für diese Tatsache.

Es gibt neben der Norm aber stets und ständig auch die Abweichung, das Andere, das Unerlöste. Weil neben der Genetik auch das kulturelle Element existiert, als unermüdliches Spielmaterial. Beides ist unauflösbar ineinander verstrickt, es konstituiert Bewegung, Evolution – Zukunft eben.

Norm wird durch Abweichung erst definiert, und ohne Abweichung wird Normalität zum Terror.
Die katholische Kirche war nicht zuletzt so erfolgreich, weil sie dies stets wusste. Weil sie neben die Frömmigkeit immer auch die Sünde platzierte, neben die Heiligkeit den Sündenfall, der gebüßt oder verborgen werden konnte. Deshalb werden katholische Priester und Nonnen nicht umsonst liebevoll-bösartig »Pinguine« genannt.
Ein überaus erfolgreiches Modell, in der Antarktis wie um Sankt Pölten.

Ohne Mut keine Zukunft

Gibt es in unserer Gesellschaft noch ein funktionierendes Tabu?
Wir reden ja längst über alles, über Scheidungsdrama, Masturbation und Schönheitsoperation. In jeder braven katholischen Kleinstadt finden inzwischen Sexmessen statt, in denen Lack und Leder den braven Bürger erfreuen. Selbst Künstler – sie sind nicht erst seit Nitsch Meister der Tabuverletzung – haben heute große Skandalprobleme. Blut und Koitus, gerahmt und eingepackt gibt es längst im Sonderangebot. Und wer auf Theaterbühnen kotzt, rülpst und politisch unkorrektes röchelt, erntet meist nur eine müde Rezension.
Aber doch:
Es gibt noch ein Tabu, das zu brechen echte Sanktionen nach sich zieht.
Es hört auf den Namen OPTIMISMUS.
Man muss nur sagen: Unsere Umwelt wird durch Technologie eher besser als schlechter. Die Beziehung zwischen Mann und Frau ist heute schöner und spannender, eben WEIL wir nicht mehr so einfache Rollenbilder haben. Europa ist unsere Zukunft, und Europa wird sich einrenken. Der Irak ist ein schweres Problem und war politisch ein Desaster. Aber er stellt die – richtige und unausweichliche – Frage danach, wie wir in Zukunft, in einer globalisierte Welt, mit Tyranneien umgehen werden.
In diesem Moment lernt man die geballte Macht des

alarmistischen Pessimismus kennen, jenes Weltbildes, das längst den mentalen Konsens unserer Breitengrade bildet. Dieses Weltbild markiert an allem Wandel nur das Problem, sieht nur die apokalyptische Dimension, verherrlicht das Negative.

Es huldigt unaufhörlich der »Retrotopie«, die Rückwärts-Utopie, nach der früher alles »irgendwie« besser war.

Diese Geisteshaltung funktioniert hervorragend, denn viele Fraktionen profitieren davon. Rückwärtsgewandte können sich so im allgemeinen Konsens wähnen. Grantler haben verlässliche Feindbilder. Kindgebliebene können den sozialkritischen Gefühlen ihrer Jugend treu bleiben. Und die Medien können jeden Nachmittag ein neues Goldenes Angstkalb durch die Seelen treiben. Das bringt Quote.

Was dabei auf der Strecke bleibt, ist das Leben selbst, mit seinen Höhen, Tiefen und Überwindungen. Ist Verantwortung und geistiges Wachstum. Ist vor allem eine Eigenschaft, die für mich ein echter Zukunftswert ist: MUT!

Mut ist, wenn mein jüngster Sohn Trompete spielen lernt, obwohl das schwer ist. Oder mein Älterer sich impfen lässt, ohne zu heulen ...

Mut ist, wenn Österreicher in der Nacht des EU-Beitritts mit ihren tschechischen Nachbarn an der Waldviertel-Grenze ein europäisches Wiedervereinigungsfest feiern (wie zum Beispiel vom Verein »Rakousko« in Raabs an der Thaya organisiert) ...

Was passiert, wenn man in einer landesüblichen Talkshow mit dem Titel »Sozialstaat am Ende«, »Wird die Arbeitslosigkeit bald fünfzig Prozent betragen?«, »Endloser Terror!« auf die ewiggleiche ModeratorInnenfrage (»Aber müssen wir nicht Angst haben?«) nicht mehr ein-

geht? Und sagt: »Wir alle haben jetzt das Problem verstanden. Lassen Sie und nun alle zu Lösung beitragen. Wie können wir unsere Haltung produktiv verändern?«
Und positive Praxis-Beispiele bringen.
Nein, viel Mut braucht man dazu nicht.
Es passiert ja nicht viel.
Aber danach wird man nie mehr eingeladen.

Die Grenzen fallen rund um Österreich

Nun fallen sie also, die Schlagbäume und Wachtürme im neuen, alten Europa. Begeistert markieren wir Riga und Ljubljana auf unseren inneren Landkarten. Aber schon grummeln die Auguren des Untergangs. Das *Newsweek*-Cover beispielsweise verheißt »The End of Europe«: »Wir stehen in Europa vor einer Ära neuer Zivilisationskonflikte – deren Fronten verlaufen nicht mehr ZWISCHEN, sondern INNERHALB der Länder.«
Nachdem wir das Ende der Familie, der Werte, der Natur, des Glaubens, der Humanität, der Geschichte (alles aktuelle Buchtitel) hinnehmen mussten, nun das! Am 13. Mai ist der Weltuntergang, möchte man mit Karl Valentin hinzufügen. Ich überlege noch, ob ich ein Billet kaufe.
Wahr ist: Im neuen Zukunftseuropa von Lissabon bis Riga werden die Regeln, nach denen sich Wohlstand, Wachstum und Zukunftsperspektiven entwickeln, neu geschrieben. Die alten Ballungsgebiete verlieren an Bedeutung, Arbeit entkoppelt sich vom Ort der industriellen Produktionen. Im Gegenzug steigen aus der Asche der Industrieökonomie »Power-Regionen« auf, in denen die Wachstumsraten und Investitionen hoch sind.
Wo finden wir sie, die »Hot Spots« des neuen Europas? Zum Beispiel in Finnland, am Polarkreis, die Stadt Oulo – hier wohnen inzwischen 80 000 junge Familien, Forscher, IT-Spezialisten, eine Art Silicon Valley des Nordens.

Oder Györ in Ungarn mit seinen High-Tech-Autofabriken, in denen die schicksten Flitzer des Kontinents hergestellt werden. Nehmen wir Bilbao, eine aufgelassene Industriestadt, die nach dem Bau des Guggenheim Museums einen Boom erlebte, oder die Region Barcelona – Standortfaktor Kultur. Oder die Buzz-Town Prag, die sich längst – sorry, Wien – zum eigentlichen Energiekern Europas entwickelt.
Was ist neu an dieser neuen Topografie?
Oft entstehen die neuen Power-Regionen in Randlagen und Brückenkopffunktionen. Die Boomregion Malmö-Kopenhagen etwa verbindet Schweden und Dänemark. Oder das Dreiländereck um Aachen, Basel und Bregenz: Der Standortvorteil ist hier gerade die Transitfunktion, die Mehrsprachigkeit, das Amalgam. Auf Dauer widerlegt das unsere alten nationalen Orientierungen.
Nicht »Österreich« wird im Europa der Zukunft Standort sein, sondern vielleicht das Grazer Becken oder (post Haider) der Cluster Kärnten/Slowenien. Schwaben hat in vielerlei Hinsicht mehr mit Norditalien und Oberösterreich zu tun (kleine, dynamische Betriebe, handwerkliche Tradition) als mit Brandenburg.
Nicht gleichmacherische Globalisierung prägt unsere Zukunft, sondern GLOKALISIERUNG. Entscheidend im Standortwettbewerb der Zukunft werden damit die »DREI Ts«.

Erstens TECHNOLOGIE. Estland und Lettland zum Beispiel machen den Resteuropäern in Sachen Internet etwas vor.

Zweitens TALENTE. Das Humankapital, das sich stets um herausragende Bildungseinrichtungen sammelt.

Drittens aber der Faktor TOLERANZ. Wer kann das Verschiedene zum Blühen bringen?

Kreativität nämlich, die Hefe der Wissensökonomie, braucht das Unterschiedliche, das Verschiedene, das akzeptiert-Andere, um blühen und gedeihen zu können.

Schöner Denken lernen

Wenn man am Morgen eine österreichische Zeitung aufschlägt, nach erfrischendem oder erschöpfendem Schlaf, dann stellt man fest:
Die Welt ist voller Gedanken. Es sind schöne Gedanken, schrille Gedanken, vor allem ängstliche Gedanken. Gedanken an Kriege, Nöte, Unfälle, Skandale oder was wir dafür halten (»Der Finanzminister hat das Budget um 0,1 Prozent falsch eingeschätzt!«). Erhebliche Hirnakrobatiken werden mit dem Hass auf die Gegenwart verwendet (man beachte Leserbriefe). Auf die Frage, warum Reformen völlig unmöglich sind, liest man, dass alles immer schlechter wird, dass die Zukunft eine megalomanische Bedrohung darstellt. Und warum in jedem Fall die *anderen* daran schuld sind.

Könnten wir *schöner denken* lernen?
Auch der herzergreifende Film »A Beautiful Mind«, der fünf Oscars bekam, geht dieser Frage nach. Geschildert wird die tragische Geschichte des genialen Mathematikers und Ökonomen John Nash. Nash sieht überall Muster, Verkettungen, Codes und Chiffren: In Zeitungen, Büchern, Fernsehsendungen wähnt er eine russische Verschwörung, zu der er sich schließlich CIA-Agenten halluziniert. Nash leidet unter der Krankheit Schizophrenie. Aber seine treue Frau und seine Fakultät halten zu ihm, stellen sich dem Problem. Nashs fragiler Intellekt, so zeigt der Film, ist kostbar und einmalig. Ein schöner Geist eben.

Edward de Bono, angelsächsischer Philosoph und Wirtschaftsberater, hat jetzt die Metapher vom »schönen Geist« aufgegriffen und ein Anleitungsbuch daraus gemacht: *How to Have a Beautiful Mind*. Darin schreibt er: »*Menschen tun eine ganze Menge, wenn es darum geht, ihren Körper zu verschönern. Sie kleiden sich attraktiv, schlucken Pillen und lassen sich operieren. Aber was tun wir mit unserem Geist? Große Schönheit mit einem hässlichen Geist ist schrecklich ... Man bekommt Aufmerksamkeit, aber man wird sie nie behalten ... Wenn wir unseren Geist schöner machen wollen, dann sind wir durchaus dazu in der Lage ... Nicht, indem wir in der Ecke sitzen und grübeln. Sondern indem wir unseren Geist öffnen und in Konversation treten.*«

Wie soll das gehen? De Bono gibt zumindest Hinweise. Er spricht von unserem Hang, »in boxes« zu denken, alles in Kästen und Klischees aufzuteilen. Und dass wir lernen können, diesen Impuls, der menschlich ist – Klischees ordnen die Welt – zu überwinden. Er spricht vom Zuhören und von Neugier und von der Kunst einer »Win-Win«-Rhetorik. Er versucht zu klären, wie man für andere im Dialog *interessanter* sein kann, in dem man den Narzissmus des Immer-Rechthabens überwindet. Er betont das Primat der *Frage* über der *Antwort* – offene, richtig gestellte Fragen sind in der Wissensgesellschaft die eigentliche Knappheitsressource. Er schreibt von selektiver Wahrnehmung und ihrer Überwindung. Von mentalen Ideologien, die man ins Offene wenden kann. Davon, dass das viel gelobte »Querdenken« zu wenig ist. Von der dialektischen Kunst, das seltsame Ding namens »Meinung« ständig wie einen edlen Wein zu verfeinern. Und von der Lust der »gemeinsamen geistigen Erkundung des Neuen«.

Ein ganzes Universum tut sich hier auf. Alle kennen den *Wellness*-Trend.
Gibt es also auch Wellness für das Hirn, für das Denken? *Mindness!*
Das wäre ein eine noch dringend zu entwickelnde Zukunftstechnik.
Eine wunderbare Schönheitskur für unsere Gesellschaft.
Damit man morgens beim Aufwachen heller wird.

Versöhnung mit dem inneren Schweinehund

Darf man Politiker öffentlich loben?
Gott bewahre! Der Codex des medialen Raumes gebietet, dass wir Politiker entlarven, kritisieren, ihnen die Maske vom Gesicht reißen, ihre Unfähigkeit, Korruption, ihr ständiges Versagen geißeln müssen.
Was aber, wenn Politiker elegant mit Witz und Ironie agieren? Darf man einmal ein zaghaftes »toll!« wagen?
Die Gesundheitsministerin Maria Rauch-Kallat hat ein Thema politisch aufgegriffen, das im Grunde viel zu komplex und »intim« für die Politik zu sein scheint. Es geht um unseren inneren Hang zu Käsekrainern, zum Sitzenbleiben, Gewichtzulegen, Stressproduzieren – zum ungesunden Leben eben. Rauch-Kallat hat eine witzige Kampagne ins Leben gerufen, in deren Zentrum ein kleines rosarotes Monster steht, der »innere Schweinehund«, der »ISCH«. Auf der Website ISCH.AT kann man einen Test absolvieren, der den eigenen Schweinehund-Faktor misst. Zum Beispiel »Mein Lieblingssport«:

a) Dreimal in der Woche Laufen oder Radfahren.

b) Trage meine Bierkiste selbst nach Hause.

c) Täglich »Sport schauen«.

Das ist locker, das ist ironisch, aber es ist auch bitter ernst. In einer solidarischen Gesellschaft bezahlen wir gegenseitig für die Bypässe des anderen. Wir zahlen für die Sportunfälle des Nachbarn, für die Gicht durch zu hohen Fleischkonsum, für die Bandscheibenvorfälle der Kollegen im Büro, die Churchills »no sports« für einen coolen Spruch halten. Das ist gut so.

Aber in einer alternden Gesellschaft, in der wir alle die Gnade eines längeren Lebens erfahren, werden wir diesen Zusammenhalt nur bewahren können, wenn wir in *Gesundheitsressourcen* denken lernen. Jeder von uns verfügt über die Fähigkeit, bis ins hohe Alter gesund zu sein. Jeder von uns kann jünger, fitter, auch *glücklicher* werden, selbst dann, wenn er in irgendeiner Weise gehandicapt ist.

Doch Vorsicht!

Wenn wir anfangen, neue Normen zu bauen, in denen wir alle unentwegt Körner kauen und rhythmische Ballgymnastik machen müssen, könnten wir ebenso gut gleich nach Nordkorea ziehen. Genau deshalb ist Humor so wichtig. Der Gag mit dem inneren Schweinehund zielt ja nicht darauf ab, ihn abzuschaffen, sondern sich mit ihm zu versöhnen (ich füttere meinen ISCH jede Woche mit Schokolade und einigen Gläsern Wein zuviel, er schnurrt dann und lässt mich den Rest der Zeit in Ruhe joggen). Der Herztherapeut und Kabarettist Bernhard Ludwig hat mit seinem paradoxen Interventionskabarett *Anleitung zum Herzinfarkt* wahrscheinlich mehr für die Volksgesundheit getan als alle Apothekenzeitungen und Diätanleitungen zusammen. Lachen, by the way, ist therapeutisch zehnmal wirksamer als Salatessen.

»Diätik« war für die alten Griechen nicht die Lehre vom Verzicht, sondern die Kunst der richtigen und Lust bringenden Lebensform. Genau darum geht es. Es ist lustvoll, gesund zu sein. Es ist solidarisch, sich um sich selbst zu kümmern. Ein neuer Politikstil zeichnet sich hier ab – und eine neue Vision von Gesellschaft. In der Wissensgesellschaft geht es, anders als in der Klassen- und Industriegesellschaft, um eine Politik der individuellen Ressourcen. Es geht um ein Menschenbild, in dem wir nicht mehr nur »Opfer der Verhältnisse« sind.

Der Staat kann nur leisten, was die Gesellschaft will.

Das wäre wahre Zukunftspolitik.

Die meisten Politiker – und Leser – werden diese Idee mit Sicherheit hassen.

Noch.

Wir kaufen uns einen Trend

Wollen Menschen wirklich etwas über die Zukunft wissen?

Manchmal zweifele ich daran.

Neulich war ich zu Gast bei einer Versammlung von Alpenhoteliers. Ich schilderte den gewaltigen Wachstumszyklus, der derzeit unseren Globus verändert. Bei Dauerwachstumsraten von an die zehn Prozent in China, Indien, Fernost und inzwischen auch in vielen Ländern Südamerikas, bei stagnierendem Wachstum in Kerneuropa verschieben sich die Globalgewichte des Wohlstands. Und damit auch die Zusammensetzung der Gäste in der Zukunft. Fünfzig Millionen indische Haushalte driften allein in den letzten drei Jahren über die Wohlstandsschwelle. Dreißig Millionen Inder und fünfzig Millionen Chinesen wollen in den nächsten Jahren Europa bereisen, und sie werden es sich auch leisten können. Besonders der österreichische Alpenraum ist für Inder interessant, nicht zuletzt weil einige Bollywood-Filme (Herz- und Schmerzstreifen mit gewaltigen Zuschauermengen) vor Alpenkulissen gedreht wurden. Die erste (und einzige Frage), die nach dem Vortrag aus dem Publikum kam, lautete: »Wann springt die Konjunktur wieder an?«

Wir sind auf eine seltsame Weise zukunftsblind. Obwohl wir ständig unbewusst Prognosen über den Verlauf der Dinge machen (wenn wir eine Familie, ein Unternehmen gründen oder eine Versicherung abschließen), haben wir Schwierigkeiten, Wandel wahrzunehmen. Die Vergangenheit hat uns programmiert, und unsere Erwartungshaltungen fixieren den Blick auf Altgewohntes. Morgen, das wird wohl irgendwie so wie gestern sein – oder?

EIGENTLICH, so dämmert es manchmal dem Zukunftsforscher, wollen die Menschen durch Zukunftsbilder allenfalls unterhalten werden. Ein bisschen Gruseln ist erlaubt, aber am Besten ist Schunkeln im Zukunftsstadl. Ein Beispiel findet sich im Reich der Technologie. Seit Jahren versuchen Telekomunternehmen verzweifelt, »Killer-Applikationen« für ihre gigantischen Datenautobahnen zu finden. Eines der beliebtesten Spielzeuge dieser Firmen heißt »Videotelefonie«. Seit Jahren drängen Telekomfirmen uns Trendforscher, Videotelefonie als gigantischen »Megatrend« zu deklarieren. Dabei interessiert es diese Firmen wenig, dass menschliche Kommunikation, wenn man sie etwas genauer betrachtet, eher etwas mit VERBERGEN zu tun hat – was der Siegeszug der SMS beweist. Es gewinnen immer die DISTANZTECHNIKEN, bei denen man sich verstecken, aber dennoch irgendeine Wirkung erzeugen kann.

Dieses Phänomen nennen wir TRENDOPPORTUNISMUS: Wir kaufen uns einen Trend und prügeln ihn komme-was-wolle in den Markt. Auf diese Weise werden viele gute Ideen zerstört.

Nehmen wir WELLNESS. Kaum ein Wort wurde dermaßen verhunzt, verbraucht, inflationiert. Inzwischen gibt es Wellness-Socken, Wellness-Joghurts, Wellness-Hüte und über der muffigen Kellersauna in der Pension zum Goldenen Hirsch prangt das Schild »Wellness-Landschaft.« Neulich war ich in einem Almgasthof auf 1400 Meter Seehöhe. Dort stand in großen, roten Lettern

auf der Speisekartentafel WELLNESS-SCHNITZEL VOM SCHWEIN – 18 Euro 50 Cent!
Irgendwie erinnert mich das an eine Szene in Monthy Python.
Der Redner auf dem Podium brüllt:
»ICH BIN INDIVIDUALIST!«
Die Zuhörer skandieren im Chor:
»WIR SIND INDIVIDUALISTEN!«
Da steht einer in der Menge auf und sagt laut:
»ICH NICHT!«

Politik im neuen Jahrhundert ist Netzwerkpolitik

Eine bestürzende Erkenntnis: 98 Prozent aller politischen Berichte handeln nicht von Politik.
Stattdessen liest man seitenweise höhnische Anklagen, brillante Empörungen, rhetorische Nörgeleien und abgrundtiefe Verdammungen. Die wichtigen Themen – Bildung? Alterung? Europa? Außenpolitik? – kamen irgendwie nur am Rande vor, eher als Fußnote.
Es ging EIGENTLICH immer nur um Herrn Landeshauptmann H. und Frau Bundesministerin M. und ob diese die Macht wollen, ob diese die Macht noch mehr wollen könnten und welche (Macht-)Konsequenzen das haben könnte für den oder den ... Politik ist vor allem eines geworden: EMPÖRTE PERSONALIE.
Diese scheinpolitisierte Entpolitisierung kann sich natürlich auf eine breite Volksmeinung stützen, deren Konsens von ganz links bis ganz rechts, von sehr jung bis recht alt reicht. Politiker sind Halsabschneider, Parteien überflüssig und Politik ist DAS LETZTE. Eigentlich gehört sie abgeschafft.
So denken inzwischen eigentlich alle. Aber die Fragen betreffen ja, die dringenden, spannenden Zukunftsfragen:

1. Die Bildung:
Wie können wir nicht nur bei den Jüngeren die »New Scills« fördern, die neuen Fähigkeiten des Selbstwissens und des Selbstlernens, die wir in der Wissensgesellschaft dringend brauchen?

2. Die Alterung:

Wie können wir eine Kultur gestalten, in der die verlängerten Lebenshorizonte des Einzelnen ganz andere, vielfältigere Biografien ermöglichen?

3. Das neue Europa:

Wie können wir die Migration im neuen Europa nicht abwehren, sondern für alle Seiten fruchtbar gestalten?

4.Die Außenpolitik:

Wie können wir mittelfristig in einer unruhigen globalen Welt die Sicherheitsfrage für JEDEN Bürger dieser Erde beantworten?

Für alle möglichen Antworten braucht man nicht WENIGER, sondern MEHR Politik. Aber gleichzeitig WENIGER Staat, weil der alte Umverteilungsstaat allein die Herausforderungen nicht mehr lösen kann. Warnfried Dettling, politischer Berater aus Berlin, hat die Zukunftsformel »Mehr Politik – weniger Staat« geprägt. Ein scheinbares Paradoxon, das aber ins Herz des politischen Vakuums unserer Epoche trifft. Denn was wäre die Alternative? WENIGER POLITIK – MEHR STAAT? Das wäre die alte Füllhorn-Logik, die jedes Theater satt subventioniert, aber keine Forderungen an Qualität mehr stellt. MEHR STAAT – MEHR POLITIK. Das wäre die Rückkehr des Obrigkeitsstaates. WENIGER POLITIK – WENIGER STAAT. Das neoliberale Basismodell passt nicht zur zu Europa.
Politik im einundzwanzigsten Jahrhundert ist Netzwerkpolitik, ist das geschickte Zusammenfügen gesellschaftlicher Allianzen; ist Lebenswelt-Politik, Empowerment-

Politik, die das traditionell Staatliche zugunsten eines zivilbürgerlichen Politikbegriffs hinter sich lässt.
Wie kann eine solche moderierende, zusammenfügende, »politische Politik« aussehen?
Dafür gibt es längst kluge Überlegungen und gelungene Beispiele.
Wenn nur jemand die richtigen Fragen stellen würde ...

Hommage an den grossen Wiener Vordenker Peter Drucker

Seit ich in der schönen Stadt Wien lebe, suche ich hartnäckig nach dem kosmopolitischen Geist, der diese Stadt in ihrer Geschichte beseelt hat – denn Wien war einmal das New York Europas.

Nicht nur, weil es vor einem Jahrhundert einwohnermäßig zur größten Stadt des Kontinents heranwuchs (zwei Millionen Menschen um 1910), sondern weil es im Epizentrum der Strömungen der europäischen Geistesgeschichte lag. Wien lag in der Mitte eines multi-sprachlichen, multi-ethnischen Imperiums. In Wien lebte ein umfassend gebildetes, mobiles, urban geprägtes Bürgertum. Unter dem hohen Druck der »rasenden Moderne«, auch aufgrund des Migrationsdrucks aus dem Osten Europas, lief dieses Bürgertum zu geistigen Höchstleistungen auf.

Die »*Big Names*« Freud, Schumpeter oder Popper sind hier nur eine Spitze des Eisberges der Erkenntnis. Architektur, Kunst, Soziologie, Mathematik, Physik – alles Moderne wurde hier (oder von hier aus) von großen Geistern »erwandert und erlitten«.

Peter Drucker, der 2005 im Alter von 96 Jahren verstorben ist, verkörperte diesen Geist wie kaum ein anderer. In Wien geboren und aufgewachsen, sprach er bis an sein Lebensende jenes k. u. k.-Amerikanisch, das den mitteleuropäischen *Diskurs* schon phonetisch ins angelsächsische übersetzt (nicht zu verwechseln mit Schwarzeneggers Steirer-Englisch).

War Drucker ein Querdenker, wie es jetzt so oft in den Medien heißt? Ein fürchterliches Wort! Als Querdenker gelten immer jene, die man eigentlich nicht ernst nimmt. Die durch Behauptung des Gegenteils etwas verkürzen, einen schrillen Gedanken zum Weltgeheimnis aufbauschen, sich narzisstisch in den Vordergrund ihrer Gedanken schieben.

Drucker war aber ganz anders.

Er war weder schrill noch provokativ, sondern ein Verbinder, ein Verknüpfer, ein Universalist im besten Sinne. Er beschäftigte sich zwar primär mit Management, war aber im Herzen lebendiger Soziologe, Ethnologe, Demograph, Systemtheoretiker. Vor allem huldigte er der Philosophie, dieser Mutter aller Wissenschaften, die, wie Drucker selbst betonte, immer auch KUNST ist. »Managen« hieß für ihn im Grunde: »Die Welt verstehen und daraus die richtigen Schlüsse ziehen.«

Peter Drucker hat es uns allen gezeigt.

Zum Beispiel, wie man sich nicht dem Alter ergibt. Bis um die neunzig Jahre stand er auf der Managementbühne, bis zuletzt konnte man mit ihm scharfe Diskurse führen. Er hat uns gezeigt, wie man die Dinge unprätentiös formuliert – einfach, schlicht, ohne Schnörkel. Er zeigte uns, wie man weit voraus-sehen, wie man »Wahr-Sagen« kann, ohne an der Ignoranz der Umwelt zu verzweifeln. Im Jahre 1946 schrieb er ein Buch über die Dezentralisierung großer Organisationen – in der eher zentralistisch gestimmten Zeit nach dem Zweiten Weltkrieg wahrhaftig kein Mainstream-Thema. Schon 1966 erschien sein fundamentales Werk zur Wissensgesellschaft.

Dieser Begriff, obwohl wahrer und wirkmächtiger denn je, hat sich bis heute noch nicht in den Köpfen und Seelen der Menschen durchgesetzt. Nach wie vor glauben wir, wir lebten in einer Industriegesellschaft, die man nur hier ein bisserl zurechtschrauben und dort ein wenig optimierten muss. Nach wie vor herrscht das große »Retro« des Gesellschaftlichen: Alles soll so schön werden, wie es früher (angeblich) war.

Die Zukunft ist ein scheues Reh, langsam und nur langsam beginnt sie in den Köpfen Gestalt anzunehmen.

Davon erzählt uns unser großer Wiener Held Peter Drucker, im Himmel wie auf Erden.

Die Tradition der Weltneugier darf nicht erlöschen

In Ausstellungen und Büchern wird derzeit ein alter, fast schon vergessener Bekannter neu entdeckt und gefeiert. Alexander von Humboldt, der berühmte Forschungsreisende des frühen neunzehnten Jahrhunderts, der in seinem Lebenswerk einen anschaulichen Schlüssel zur Moderne liefert.
Was ist an Humboldt so faszinierend, und warum ist seine Renaissance so überfällig?
Weil sein Charakter einen Akzent gegen die geistige Leere unserer Zeit setzt.
Er zeigt uns, dass eine andere Haltung zur Welt möglich ist als die des Jammerns, der Klage und der Futurophobie.
Humboldt steht für:

1. Unideologisches Denken

Humboldt war ein Freund der französischen Revolution und bewunderte die Amerikaner, dennoch blieb er allen Ideologien fremd und den Herrschenden seiner Zeit gegenüber distanziert (was ihm, im Falle Napoleons, später sehr zugute kam). Er war Individualist, aber ein Individualist mit Emphase für Andere. Er verkehrte in den Salons Berlins, in denen die Intellektuellen ihre Gedanken austauschten. Er marschierte im Trauerzug der Gefallenen des Vormärz mit, aber er blieb stets in einer Position, in der er mit ALLEN SEITEN reden konnte, ohne es sich mit einer zu verderben. Manche würden dies als Opportunismus bezeichnen. In Wirklichkeit war es kluges Schachspiel. Humboldt wusste, dass die Ideen der Aufklärung sich in den geistigen Welten der Menschen entfalten mussten, unabhängig von allen weltlichen Herrschaftsverhältnissen – und dass es dafür Zähigkeit und Ausdauer benötigte.

2. Ganzheitliches Fühlen

Humboldt träumte von einer universalen Wissenschaft. Sein Werk *Kosmos* versucht, von der Tier- und Pflanzenwelt bis in die Astronomie eine Brücke zu schlagen. Damit legte er die Grundlage zu jenen faszinierenden »Holistic Sciences«, die sich heute scheinbar aus dem Nichts neu entwickeln: Evolutionsbiologie, Soziobiologie, Evolutionspsychologie, Soziogenetik, Kulturanthropologie, Systemische Anthropologie, Neurowissenschaften, neue Kognitionswissenschaften, Konsumanthropologie, ja sogar »Ethnophilosophie«.
All diese neuen Symbiosewissenschaften tragen nun Humboldts Grundgedanken in neue Gefilde hinein.

3. Mut nach oben

Humboldt bestieg in Gamaschen Berge. Sechstausender, ohne Träger, ohne Helfer. Der Sauerstoffmangel und die Kälte brachten ihn fast um. Aber er wollte wissen, wie die Welt VON DA OBEN aussieht.

4. Evolutionäres Bewusstsein

Humboldt legte mit seiner akribischen Sicht auf die Schönheit und Varianz der Natur die Grundlagen für Darwins Erkenntnisse der Evolution. Er bot damit eine säkulare Alternative zur Religion: Ein Weltbild, in dem das Erhabene, das Große, aufgehoben ist, ohne dass wir uns klein machen müssen. Ein Weltbild, das die Emanzipation und Sinnverankerung des Menschen in der Erkenntnis sucht. Und damit die Evolution nach vorne weiter zeichnet. In die Zukunft.

Humboldt ist nicht allein.

Er ist Teil einer manchmal vergessenen, manchmal an den Rand gedrängten, aber niemals erlöschenden Tradition der Weltneugier.

Auch in Wien gab es später viele wie ihn: vergessene Universalisten, hartnäckige Weiterdenker, geistige Gestirne des »Enlightenment« – wie die Engländer so poetisch schön zur Aufklärung sagen.

Humboldt war ein Zukunftsforscher.

Einer von denen, die die Welt und ihren Wandel lieben.

Einer von uns.

Dankbarkeit ist ein Zukunftswert

»Ich habe bisher ein schönes Leben gehabt«, sagt S., eine Wiener Bekannte aus unserem erweiterten Freundes- und Familienkreis. S. ist eine blühende Frühsechzigerin, die noch mit einem Bein im Beruf steht und soeben neu durchstartet. Sie hat sich ein Rennrad gekauft, mit dem sie im Wienerwald herumkurvt, lernt gerade die Geheimnisse der Online-Welt kennen und besucht Kurse auf der Universität – in moderner Ökonomie.

»Ich will das noch mal wissen«, sagt sie, »wie das funktioniert mit dem Kapitalismus und mit der Globalisierung, wo doch jetzt alle so hektisch darüber reden!« S. verfügt über eine Ressource, die uns schöner macht als alle künstlichen Hormone zusammen: Dankbarkeit.

Sie hat vor fünf Jahren ihren Mann verloren, aber anstatt sich in Bitternis zurückzuziehen, wagt sie ständig neue Anfänge. Und das, obwohl sie keineswegs zu den Reichen und Gebildeten gehört. Sie war die meiste Zeit ihres Lebens Hausfrau und Mutter.

Warum soll ausgerechnet Dankbarkeit ein ZUKUNFTSWERT sein?

Weil in vielen apokalyptischen und zukunftspessimistischen Weltbildern, die unsere Gesellschaft durchziehen wie ein gefährlicher Schimmelpilz, nichts anderes steckt als ein extremer, narzisstischer Mangel an Dankbarkeit. Wer dankbar ist, wird zum Beispiel wahrnehmen, dass jeden Tag 25 000 Flugzeuge starten und landen, ohne

abzustürzen; dass unsere Umwelt heute sauberer ist als in den sechziger Jahren; dass Wohlstand und zivile Gesellschaft sich langsam, aber hartnäckig in immer mehr Regionen dieser Welt ausbreiten.
Er wird Probleme wahrnehmen und zu verstehen versuchen und sich nicht vom apokalyptischen »alles-wird-immer-schlimmer«-Trommelfeuer der Medien beziehungsweise der öffentlichen Meinung konditionieren lassen.
Wer dankbar ist, wird verstehen, dass wir in unserem Teil der Welt fünfzig Jahre lang die Privilegien des Wohlstands genossen haben. Und dass jetzt, wo andere ebenfalls ihren Anspruch auf Wohlstand einklagen (in Osteuropa, in Fernost und anderswo), wir dies zum beiderseitigen Vorteil, zum Win-Win, gestalten können.
Wer dankbar ist versteht, dass er von einem Netz sozialer Beziehungen getragen wird. Auch in Krise und Krankheit. Aber er muss für dieses feine Geflecht der Gegenseitigkeit auch etwas geben. Er wird die Schuld für seine Probleme nicht dem Staat, dem Nachbarn, den Ausländern, den »Roten« oder »Rechten« oder »Neoliberalen« zuschieben. Er wird verstehen, dass er Teil eines lebendigen Universums ist, in dem wir ALLE Sitz und Stimme haben.
Bislang war Dankbarkeit vor allem ein religiös gebundenes Gefühl. Nun aber entsteht eine neue »Dankbarkeitsschule«, deren Bogen von den säkularen Formen des Buddhismus über die neue »Simplify-Your-Life«-Bewegung bis zur »Dankbarkeitstherapie« reicht. So hat zum Beispiel der amerikanische Psychologie Gregg Krech ein fulminantes Buch geschrieben, in dem er die fernöstliche Haltung des »Naikan« auf den Westen übersetzt.

Die Grundthese:
Nur wer die inneren Ressourcen der Dankbarkeit erschließen kann, kann jene Kräfte mobilisieren, in denen das Neue, der Wandel, das Wachstum entsteht. Dankbarkeit ist die Zwillingsschwester von Vertrauen. Und ein modernes Gegengift wider den regressiven, depressiven, neidhammeligen, apokalyptischen, jammerigen, grantigen, reaktionären, zukunftsfeindlichen Grundton, der das Leben in unseren Breitengraden manchmal so unerträglich macht.

Arbeit ist kein limitierter Kuchen

»Ist es nicht angesichts der Herausforderung durch den islamistischen Terrorismus«, schreibt Herr B. aus Sankt Pölten mit wütender Schrift und frohen Ostergrüßen, »höchste Zeit, dass wir uns auf die christlichen, die abendländischen Werte zurückbesinnen?!«

»Lieber Herr B.«, möchte ich antworten, »ja gewiss, aber auf welche Werte?«

Die Geschichte des christlichen Abendlandes ist mindestens genauso reich, gewaltsam und verworren wie die Geschichte der islamischen Kultur. Und können Werte etwas »Ewiges« sein, auf das man sich »zurückbesinnt«?

Ich glaube vielmehr, dass wir Werte nach vorne-denken, ent-wickeln müssen. DAS – und nichts anderes – ist der Weg der Zivilisation.

Zu den mentalen Regressionen, die uns im Moment an der Zukunft hindern, gehören populistische Formeln wie die von der »Globalisierungsfalle«. In der aktuellen, medial aufgeheizten Variante geht die Story so:

»Arbeit« ist ein Kuchen, von dem uns »Andere« etwas wegnehmen, indem böse Kapitalisten »Arbeitsplätze« in andere Länder verschiffen.

Umgekehrt kommen die »Anderen« zu uns und machen uns unsere »Arbeitsplätze« streitig, indem sie zu Dumpinglöhnen ... etc. etc.

Man muss nur das kleine Einmaleins der Ökonomie einen Hauch verstanden zu haben (Adam Smith reicht schon), um zu verstehen, dass dies Dumpfmathematik ist. Höhere Arbeitsteilung erzeugt in der globalen Welt immer neue Absatzmärkte und Wohlstandskaskaden. Arbeit ist kein limitierter Kuchen, sondern ein evolutionäres System, in dem im Lauf der Geschichte immer mehr Varianz entstanden ist. Mit steigendem Bildungsniveau brauchen wir immer mehr fleißige Hände, die uns dabei helfen, unsere Wachstumsdynamik in Gang zu halten. Man denke an die gigantische Arbeitsnachfrage im Bereich Dienstleistung, Wellness, Home Services, alternde Gesellschaft.

Eine ähnliche Dumpflogik prägt die gängige Formel vom »Krieg der Kulturen«. Der Sozialanthropologe Andre Gingrich hat mit seinem Team an der Akademie der Wissenschaften in Wien eine große Studie über die islamischen Länder herausgebracht. Von der allerdings kaum etwas in den Medien zu lesen war. Das Ergebnis: Die islamische Welt entwickelt eine immer größere Vielfalt von gesellschaftlichen Modellen, vom dynamischen Industrialismus Indonesiens bis zu Marokkos Weg in die Moderne. Dabei entsteht zwangsläufig auch gesellschaftliche Partizipation, Demokratie, allen Widerständen der Traditionalisten zum Trotz. Der islamistische Fundamentalismus wäre demnach nicht Ausdruck einer Formierung, sondern verzweifelter Reflex einer terroristischen Minderheit gegen die Zukunft.

OFFENHEIT.

Das ist der entscheidende Kernwert der Zukunft in einer globalen Welt. Offenheit für die unglaubliche Vielfalt der sozialen Evolution.

Offenheit dafür, die eigenen Glaubenssätze erschüttern zu lassen, den Medienformeln zu misstrauen, der Seu-

che des Pessimismus konstruktives Denken entgegenzusetzen.
Hier schließt sich der Kreis zu VERTRAUEN und DANKBARKEIT. Man könnte noch GELASSENHEIT hinzufügen. Und NEUGIER.
Wer in solchen Wertbegriffen auch religiöse Untertöne zu erkennen vermeint, liegt so falsch nicht. Aber das schöne an diesen Zukunftswerten ist, dass sie sich auch ganz aus der Fülle des Diesseits begründen lassen.
Sie schließen, anders als Kategorien wie Heimat, Pflicht, Gottesfurcht, niemanden aus. Und das ist für mich der Sinn von (wahren) Werten.

Die Wiederentdeckung des Da-Seins

Der letzte wunderbare Sommer hat erstaunliche Effekte auf die Herzen und Seelen gehabt. Die viele Sonne zeichnete bisweilen ein echtes Lächeln auf die Gesichter ansonsten mürrisch-granteliger Zeitgenossen. Eine fast mediterrane Entspanntheit legte sich auf österreichische Mentalitäten. Man konnte fast ahnen, was lebendige Lebensqualität sein kann.
Ganz nebenbei hat uns dieser Sommer etwas über einen Trend erzählt, der sich bislang weitgehend im Verborgenen abspielte: Die Wiederentdeckung des DA-SEINS.
Wo sonst alles immer rannte, rettete, flüchtete, sobald ein Sonnenstrahl durchs Grau brach, blieb man nun einfach *da*. Zwar flogen immer noch viele Menschen nach Italien, Griechenland, Portugal und sofort. Aber alle kamen irgendwie seltsam versengt und kleinlaut zurück. Warum sich in den Flughafenstau stellen, nur um bei 45 Grad zu backen, statt hierzulande bei angenehmen 32 Grad am See zu liegen?
In meinem (Arbeits-)Urlaub im Waldviertel habe ich in diesem Jahr nichts vermisst. Es gab lange Tage an Badeseen, Grillabende am Fluss, in denen die Sterne funkelten und die Glühwürmchen flogen. Es gab ein Latino-Pop-Festival im nächsten Dorf und hervorragende Filme im Programmkino der entzückenden Kleinstadt nebenan. Es gab Weinverkostungen vom Feinsten und Wirte, die vor lauter Euphorie über ihre vollen Gärten freundlich und entspannt wirkten. Die Kinder spielten

fast bis Mitternacht draußen. In diesem Sommer haben wir gelernt, Siesta zu machen, die Uhr zu ignorieren und abends lange entspannt zu essen. Man saß mittags im Schatten und redete leise. Und hatte bald auch wieder Lust auf Lesen oder Arbeit. Und man kam auf neue Gedanken, wie das Leben zu ändern sei.

In England und Amerika ist seit einigen Jahren von der *Rural Renaissance* oder vom *Country Comeback* die Rede, von der Renaissance des ländlichen Raumes. Hunderttausende Gebildete und Gutverdienende fliehen die Ballungsgebiete von Los Angeles, New York oder London, um in den Rocky Mountains, den Appalachen oder in den Hügeln von Wales in so genannte »Latte Towns« zu ziehen. Dort, in den aufstrebenden Kleinstädten des einundzwanzigsten Jahrhunderts, bekommt man inzwischen auch einen guten italienischen Milchkaffee. Sprich: Die urbane Kultur hat längst Einzug in die Provinz gehalten, es gibt Galerien, gute Restaurants und inzwischen auch Dienstleistungsangebote. Das Internet und neue Arbeitsorganisationsformen machen es möglich: Man kann, dank Technologie, auch von dort aus gut arbeiten. Man braucht keine irrwitzigen Mieten zu zahlen, die Lebensqualität ist hoch – demnächst kommen auch noch gute Schulen in die Region.

»Downshifting« ist angesagt – ein bisschen weniger Arbeit, ein bisschen weniger Konsum, aber jede Menge Lebensqualität.

Der Supersommer hat uns ein wenig in diese postindustrielle Zukunft hineinblicken lassen. Die industrielle Ära, in der die Landflucht alle Ressourcen immer nur in die Metropolen zog, geht vorüber. Neue Mischungsverhältnisse von Muße und Kreativität werden möglich. Damit einher geht der Abschied von den starren Mustern der

Arbeits- und Freizeitgesellschaft, in denen auch die Urlaube noch harte Arbeit sein müssen. Weniger Granteln.

Eine andere Zeitökonomie.

Das ist die Zukunft!

Danke, Sommer!

Die Geschichte hat einen Rhythmus wie das Leben selbst

Ein weiteres Zukunftsgerücht zum Thema »falsche Zukunftsbilder« lautet: ES WIRD ALLES IMMER RASEND SCHNELLER!

Machen wir auch hier unseren bewährten Zeitmaschinentest. Schicken wir einen Bürger aus dem Jahr 1900 ins Jahr 1950. Gleichzeitig beamen wir einen Bewohner des Jahres 1950 in unser Jahr. Welcher der beiden Zeitreisenden wäre am schlimmsten verwirrt?

Während der erste Reisende mitten aus einer kaiserlich-bäuerlichen Gesellschaft in eine Zivilisation katapultiert würde, in der es Düsenflugzeuge, Atombomben, die ersten Supermärkte, viele Telefone gibt, würde der zweite Reisende nur von einer rohen zu einer reiferen technologischen Welt wechseln. Flugzeuge sehen immer noch so aus. Fernseher sind nun bunt und stehen auch auf Schreibtischen. Telefone haben zwar keine Kabel mehr, aber eigentlich machen die Leute immer noch dasselbe mit ihnen. Die Autos fahren im Schnitt sogar wieder langsamer. Im Ganzen ergibt unser Experiment: Früher war es schneller!

Wer in den sechziger und siebziger Jahren aufgewachsen ist, der weiß, wie Fortschritt beschleunigen – und stocken kann. Er kennt alle Versprechungen, die nicht gehalten wurden. Wo sind sie, die braven Haushaltsroboter, der Sieg über den Krebs, Ferien auf dem Mond, Flugautos für alle?

Wer einmal länger ins obere Waldviertel fährt, der weiß,

dass in unserer Welt unterschiedliche Zeit- und Geschwindigkeitszonen existieren, Paralleluniversen, in denen man sogar *rückwärts* fahren kann. Und wer die Entwicklung der Moden und Stile genauer verfolgt, der weiß, dass Zukunft immer aus »Retro« entsteht – aus den Recyclings und Renaissancen des Vergangenen.

Wenn sich hingegen alles unentwegt beschleunigen würde – wie es uns Hyper-Utopiker à la Ray Kurzweil prophezeien –, dann wäre in rund fünfzig Jahren der Zustand der »Singularität« erreicht – das Universum kollabiert an Hyperbeschleunigung. Im Jahre 1998 erschien dagegen fast unbemerkt ein kleines Buch mit dem Titel *The End of Science*. Der Autor John Horgan stellte darin eine gewagte, aber durchaus plausible These auf:

Alle wichtigen Erkenntnisse der Wissenschaften sind im Grunde schon gemacht. Weitere Durchbrüche sind nicht zu erwarten, nur Teilverbesserungen.

Der Komplexitätsforscher Theodore Modis vermutet, dass die Wandlungskurve im Universum einem bestimmten Muster folgt und wir derzeit schon jenseits ihres Zenits leben.

Unsere Welt entschleunigt sich also langsam – und wir mit ihr.

Man muss diese Theorien nicht eins zu eins glauben. Aber man sollte sich auch nicht vom ständig ansteigenden Bocksgesang der Medien täuschen lassen. Oder davon, dass in den Schaufenstern nun zwölf Modekollektionen pro Jahr liegen statt wie früher zwei.

»*Eins zwei drei im Sauseschritt, es rast die Zeit, wir rasen mit*«, so hieß es schon bei Wilhelm Busch.

Jede Zeit hält sich für superbeschleunigt und unglaublich hektisch.

In Wirklichkeit hat die Geschichte einen Rhythmus wie

das Leben selbst: Phasen jähen Wandels folgt eine Episode des Equilibriums.
Die Furien des Fortschritts werden durch menschliche Beharrungen ausgebremst.
In einer solchen Zeit des klappernden Schneckenfortschritts leben wir derzeit, allem Beschleunigungsgetöse zum Trotz.

Die Kinder sind die Kunden der Schule

»Ich war begeistert von ihrer Schilderung der Zukunftspädagogik in der *PRESSE*«, schreibt Frau Beck aus Oberösterreich. »Gibt es noch mehr über die Zukunft der Schulen zu erfahren?«
Bitte sehr: Die Schüler der Brecknock Primary School in Camden, London, sind vor einem Jahr unter die Designer gegangen. Mit dem Designer William Warren vom französischen Möbelhaus Habitat, dem Mode-Guru Paul Smith und drei anderen Designern und Architekten haben sie die Schule der Zukunft gestaltet und die Ergebnisse in einer Londoner Ausstellung präsentiert (joinedupdesignforschools.com).
Komische Idee. Schulen werden normalerweise von Schulbehörden gestaltet, nach altbewährten Grundrissen und mit robusten Garderobenhaken.
»Aber das ist doch eigentlich das Einfachste von der Welt«, sagte einer der Designer. »Die Kinder sind schließlich die KUNDEN der Schule!«
Die Kinder der Brecknock School haben »Design« im Kern des Begriffes von »de-signare – ent-zeichnen« begriffen. Sie haben scheinbar banale Dinge wie Spindschränke völlig neu konstruiert (die Boxen sehen aus wie eine Mischung aus Vogelhäuschen und Kaugummiautomat). In der Zukunftsschule gibt es am Eingang keine Pförtnerloge, sondern einen Empfangstresen mit witzigen Skulpturen und fröhlichen »Empfangsleuten«. Die einzelnen Lernthemen sind durch gemalte großfarbige

Leitsystemen auf den Wänden deutlich erkennbar. Es steht zum Beispiel riesig SCIENCE! (in zwölf Sprachen!) an der Wand oder LITERATURE! oder FOOD! (in englischen Schulen wird zu Mittag gegessen und zwar immer gesünder). Die Kids haben ein eigenes Schul-Mineralwasser-Label für den Pausendurst gestaltet und eigene Schul-Briefmarken und eigene Schulbuch-Designs ...
Eines der wichtigsten Projekte im Rahmen des »Building Schools for the Future«-Programms, an dem auch die englische Regierung beteiligt ist, war das Re-Design der Toiletten. Die Klos stellten sich für die Schüler nämlich als eigentliche Problemzone heraus. Dort, im stinkenden Ambiente von Angst und Prügel, wo die meisten Übergriffe stärkerer auf schwächere Schüler stattfinden, wurde die radikalste Lösung konstruiert. Die Waschareale sind nun hell beleuchtet und durch transparente Wände VON DEN SCHULGÄNGEN HER EINSEHBAR (natürlich nicht die Toiletten selbst, die allesamt feste Türen und Wände erhielten). Und die Örtlichkeiten werden nun von Lehrer UND Schülern gleichermaßen benutzt. Die Folge: Übergriffe und Bedrohungen sinken blitzschnell auf Null.
Design, so lernen wir, ist weit mehr als äußere Form. Es ist ein Gehäuse für Ideen und Beziehungen. Man stelle sich vor, das Beispiel würde Schule machen. Überall fänden sich Kunden statt Leistungsempfänger. Lernende statt Belehrte. Und vor allem: Wir SELBST hätten dabei mitgetan und dabei argumentieren, abwägen, kommunizieren, eben GE-STALTEN gelernt.
Das Camden-Experiment ist in Wirklichkeit eine Allegorie für die Zukunft des Gesellschaftlichen überhaupt. Wäre das nicht noch viel dringender für UNS, die Eltern und Bürger?

Partizipation statt Genörgel, Selbstverantwortung statt Delegation, Mitgestaltung statt Streit um des Kaisers Bart.

DAS wäre in der Tat eine sinnvolle Staatsbürgerprüfung, die allerdings dann von JEDEM zu entrichten wäre, nicht nur von Neuausländern.

So könnten Schulen auch uns, den Erwachsenen, das Leben lehren.

Die Zukunft – ein Mega-Lächeln?

Wenn das Jahresende naht, klingelt wie jedes Jahr das Telefon und schickt nervöse Journalisten in mein virtuelles Wohnzimmer. »Herr Horx«, murmelt es dann, »was sind Ihre Prophezeiungen für das neue Jahr? Wird Blasmusik cool? Kommt Gusenbauer über neunzig Prozent? Werden Männer immer frustrierter? Werden mehr Zigarren/Fernreisen/Fun-Getränke verkauft? Wird die Welt immer noch schlimmer und schlechter und kälter und gefährlicher? Was wird demnächst IN und was OUT?«
Statt alle JungjournalistInnen der Welt zu verfluchen, versuche ich höflich zu bleiben. »Warum«, frage ich zurück, »wollt ihr das wissen? Gibt es keine interessanteren Fragen? Habt ihr nicht verstanden, dass solche Jahres-Trendansagen nur öder Marketing-Blödsinn sind? Wie Horoskope bestätigen sie uns immer nur Klischees, Plattitüden, festgefahrene Erwartungen. Sie dienen nicht der Wahrheit, schon gar nicht der Zukunft, sondern allenfalls dem Tunnelblick. Oder der Absatzsteigerung im Vorweihnachtsgeschäft.«
Der Wandel der Welt ist subtiler, als dass wir ihn den Jahresendhoroskopen überlassen sollten. Und die Zukunft ist nicht einfach eine Verlängerung längst bekannter Vermutungen. Es sind ja gerade die TRENDBRÜCHE, die das unerwartet Neue bringen. Die erstaunlichen Wendungen. Die »anderen Seiten«, die wir bislang vernachlässigt haben (der globale Aufstieg der Schwellenländer). Aus

diesem Grund hat jede GELUNGENE Prophezeiung, jeder tatsächlich SPANNENDE Trend, immer etwas Störendes, Provokatives. Er bürstet die Welt gegen den Strich. Er erzeugt STAUNEN. Und deshalb werden »wahre« Prognosen einfach ignoriert.

Also gut, ich kapituliere: Hier sind sie, meine INS und OUTS für das nächste Jahr:

OUT:

Trends. Alles was »in« oder »out« ist, ist total out. Den »Trends« folgen in Zukunft nur noch die Langweiler, das sind die ohne eigenen Geschmack und differenzierten Wahrnehmungsvermögen. Auch mit Begriffen wie »cool« oder »angesagt« signalisiert man ab dem nächsten Jahr nur noch seine hoffnungslose Rückständigkeit. Very uncool!

IN:

Lachen. Ja, Lachen, Lächeln auf menschlichen Gesichtern! Nach einer Studie der amerikanischen Zukunftsmagazin FUTURIST ist LACHEN UND LÄCHELN ein weltweiter Trend. Denn die rasende Globalisierung bringt immer mehr Menschen zusammen, und in der Schnittstelle zwischen Mensch und Mensch ist das Lachen eine der genuinen Kommunikationsformen – ein spontaner Instinkt. »Mehr Menschen lächeln in offener Weise in der Gegenwart als jemals zuvor, und wir können noch mehr Lächeln in der Zukunft erwarten«, so schreibt der Autor Angus Trumble in seiner Studie *A Brief History of the Smile*. Der Kunsthistoriker an der Yale-Universität breitet die Geschichte des Lächelns in die Zukunft aus: Wie unendlich unterschiedliche Nuancen des Lächelns es gibt, wie die moderne Kosmetik Zähne und Mund immer »lachpotenter« macht, wie »Lachtherapien« von Indien her Einzug in die moderne Welt halten ....

Die Zukunft – ein Mega-Lächeln!
Erzählen Sie das mal einem Österreicher oder Deutschen! Im Dezember! Wenn alle Weihnachtskonsumenten auf den Konsumwahn schimpfen und wieder einmal bis zur Besinnungslosigkeit Besinnungsaufsätze verfasst werden, in denen die Welt vollautomatisch schlimmer und schlechter und kälter und gefährlicher wird!
Wetten, dass das keine Zeitung druckt, als Prognose für das nächste Jahr?

Literaturempfehlungen

Bono, Edward de, *How to have a beautiful mind,* London 2004

Bryson, Bill, *Eine kleine Geschichte von fast allem, Berlin 2005*

Florida, Richard, *The Rise of the Creative Class,* Cambridge 2004

Furedi, Frank, *Where have all the intellectuals gone?,* London 2004

Harvey, Eugénie; Robinson, David, *Change the World for a Fiver,* Zürich 2006

Holenstein, Elmar, *Philosophie-Atlas,* Zürich 2004

Horgan, John, *The End of Science*, London 1998

Humboldt, Alexander von, *Kosmos,* Stuttgart 2006

Johnson, Stephen, *Everything Bad is Good for You,* London 2005

Maxeiner, Dirk; Miersch, Michael, *Das Mephisto-Prinzip,* Frankfurt 2001

Ruddiman, William, *Plows, Plagues and Petroleum – How Humans took Control of the Climate,* Oxford 2005

Trumble, Angus, *A Brief History of the Smile,* Cambridge 2004

Zachary, G. Pascal, *Die neuen Weltbürger,* München 2000